Emil Vogel

Jahrbuch der Musikbibliothek Peters für 1900

Emil Vogel

Jahrbuch der Musikbibliothek Peters für 1900

ISBN/EAN: 9783744720830

Hergestellt in Europa, USA, Kanada, Australien, Japan

Cover: Foto ©Thomas Meinert / pixelio.de

Weitere Bücher finden Sie auf **www.hansebooks.com**

Jahrbuch

der

Musikbibliothek Peters

für

1900.

Siebenter Jahrgang.

Herausgegeben

von

Emil Vogel.

LEIPZIG
Verlag von C. F. Peters
1901.

Dr. MAX ABRAHAM

GEBOREN IN DANZIG AM 3. JUNI 1831

LANGJÄHRIGER INHABER DER FIRMA C. F. PETERS
UND STIFTER DER MUSIKBIBLIOTHEK PETERS
IN LEIPZIG

ist am 8. Dezember 1900 nach langem Leiden
verschieden. Mit ihm ist ein Leben dahingegangen,
ebenso reich an Werken der Liebe und des Wohl-
thuns, als an Arbeit und Erfolgen. Wer das Glück
hatte, mit dem Dahingeschiedenen enge, persönliche
Beziehungen unterhalten zu dürfen, wird seinen Tod
besonders schmerzlich empfinden. Im vertrauten
Verkehr übte er eine geist- und herzbezwingende
Gewalt aus und war dabei von seltener Bescheiden-
heit. Durch sein reges Interesse und seine Fürsorge
für das Musikleben, das er bis an sein Lebensende
bethätigte, hat er sich ein bleibendes Denkmal
gesetzt. Ehre seinem Andenken!

INHALT.

Seite

Jahresbericht 7

Leopold Schmidt, Die wichtigsten Erscheinungen in der Musik seit dem
Tode Richard Wagners 15

Oswald Koller, Die Musik im Lichte der Darwinschen Theorie 35

Hermann Kretzschmar, Einige Bemerkungen über den Vortrag alter Musik 51

Guido Adler, Beethoven und seine Gönner 60

Emil Vogel, Verzeichnis der in allen Kulturländern im Jahre 1900
erschienenen Bücher und Schriften über Musik 81

Bibliothek-Ordnung.

1.

Die Bibliothek ist — mit Ausnahme der Sonn- und Feiertage — täglich von 9—12 und 3—6 Uhr unentgeltlich geöffnet.

Die Besichtigung der Bibliothekräume, sowie der Bilder und Autographen ist von 11—12 Uhr gestattet.

. Geschlossen bleibt die Bibliothek während des Monats August.

2.

Die Benutzung des Lesezimmers ist, soweit der Raum reicht, Jedem (Herren wie Damen) gestattet.

3.

Die Bücher und Musikalien werden gegen Verlangzettel ausgegeben. Sie dürfen nur im Lesezimmer benutzt werden und sind nach der Benutzung dem Bibliothekar zurückzugeben.

Jahresbericht.

Im Jahre 1900 wurde die Bibliothek von 4139 (1899: 4689, 1898: 4085) Musikstudierenden benutzt. Da sie nur an 259 Tagen geöffnet war (1899 an 274), ergiebt sich ein durchschnittlicher Tagesbesuch von 16 Personen (1899: 17, 1898: 15). Es wurden 9495 (1899: 10.395, 1898: 9271) Werke verlangt, davon 5812 (1899: 5992, 1898: 5083) theoretisch-litterarische Bücher und Schriften, 3683 (1899: 4403, 1898: 4188) Musikalien, zumeist Partituren.

175 neue Anschaffungen wurden dem Bestande der Bibliothek zugeführt, einschliesslich die Zeitschriften. Die theoretisch-litterarischen Bücher und Schriften, soweit im Jahre 1900 publiziert, sind in der am Ende verzeichneten bibliographischen Übersicht mit einem * versehen. Unter den wertvollen älteren befindet sich das von Claude François Menestrier[1]) verfasste Werk „Des Représentations en Musique anciennes et modernes" (Paris 1681, 12°. 333 S.). Ferner das Buch von Johann Adolph Scheibe, die „Abhandlung vom Ursprunge und Alter der Musik, insbesondere der Vokalmusik" (Altona und Flensburg 1754), ausserdem der Neudruck der von Adalberg von Keller herausgegebenen Handschrift (1598) des Cyriacus Spangenberg „Von der Musica und den Meistersängern" (in der Bibliothek des litterarischen Vereins in Stuttgart, 1861). Vom British Museum wurden wiederum gütigst übersandt die Accessionen von Part XI (London 1900). Endlich darf noch ein Buch genannt werden, das längst im Handel vergriffen ist: „The Tuscan", A short Account of a Violin by Stradivari made for Cosimo de Medici, Grand Duke of Tuscany, dated 1690 (London, W. E. Hill & Sons, 1891); mit drei Abbildungen und Faksimiles.

Für die Musikalienabteilung wurden die handschriftlichen Partituren der Opern „Romeo und Julie" von Georg Benda und „Die Liebe auf dem Lande" von Joh. Adam Hiller erworben. Auch die gestochenen Pariser Opernpartituren:

---

[1]) Johann Nicolaus Forkel hat diese Schrift mit warmen Worten ausgezeichnet: „Ein Gutes, aber nun sehr selten gewordenes Werkchen." (Allgemeine Litteratur der Musik oder Anleitung zur Kenntnis musikalischer Bücher. Leipzig 1792. S. 159.)

Louard „Cendrillon" (chez l'Auteur), Paisiello „Le Barbier de Séville"
(chez Leduc), Rossini ebenfalls „Barbier de Séville" (à la Lyre moderne) und
„L'Eclair" von F. Halévy (chez Maurice Schlesinger). Hierzu kommt noch
die Partitur „Czar und Zimmermann" von Alb. Lortzing. An symphonischen
Werken ist die Bibliothek bereichert worden durch die Symphonie „Aus
der neuen Welt", No. 5 (Emoll) op. 95 von Anton Dvořak, die symphonischen Variationen, op. 24, für Orgel und grosses Orchester über den
Choral „Wer nur den lieben Gott lässt walten" von Georg Schumann und die
„Scheherazade", op. 35 von N. Rimsky-Korsakow. Endlich wurde noch aufgenommen das Konzert in A dur für Violine und Orchester von Christian Sinding.

Von den Neuausgaben alter Musik sind von der Bibliothek angeschafft
worden: die in der ersten Auswahl in den „Denkmälern der Tonkunst in
Österreich" (im VII. Jahrgange) herausgegebenen „Sechs Trienter Codices",
geistliche und weltliche Kompositionen des XV. Jahrhunderts, bearbeitet von
Guido Adler und Oswald Koller. Ferner der von Max Seiffert herausgegebene
III. Band der „Denkmäler deutscher Tonkunst", enthaltend die Gesangswerke
von Franz Tunder. Desgleichen der erste Jahrgang der „Denkmäler deutscher
Tonkunst", zweite Folge: „Denkmäler der Tonkunst in Bayern", den Adolf
Sandberger bearbeitet hat mit den ausgewählten Werken (I. Teil) von E. F.
dell' Abacco. Dazu kommt noch das „Fitzwilliam Virginal Book", herausgegeben von J. A. Fuller-Maitland und W. Barclay Squire, die „Maîtres
Musiciens de la Renaissance française" veröffentlicht von Henry Expert, und
der II. Band der „L'Arte musicale, composizioni sacre e profane à più voci
secolo XVI" von Luigi Torchi.

Ausser diesen angegebenen Musikalien hat die Bibliothek noch erworben:
die Originalausgaben von Beethoven, op. 1. Trois Trios (Praenumerationsaus-
gabe, Arturia & Co.), die mit op. 11 (in römischer Zahl) bezeichneten Variationen
über ein Thema „Quant' è più bello l'Amor contadino" (Giov. Traeg), die
No. 1 von op. 27 „Sonata quasi una fantasia" (Giov. Cappi), und op. 102
„Deux Sonates pour Pianoforte et Violoncelle" (anstatt des Violoncells auch
für die Violine; Artaria & Co.), Franz Schubert op. 10 „Variationen über
ein französisches Lied für das Piano-Forte auf vier Hände" (Cappi & Diabelli).

Auch im vergangenen Jahre ist, auf Grund der Verlangzettel, ein Verzeichnis der mindestens 10 mal oder darüber verlangten Bücher und Musikalien
hergestellt worden.

Theoretisch-literarische Werke.

Autor	Titel	Zahl der Entlehnungen
. . . .	Zeitung, Allgemeine musikalische (Breitkopf & H.)	88
Nietzsche, Fr. . . .	Wagner-Schriften (Geburt der Tragödie. Der Fall Wagner etc.)	84
. . . .	Monatshefte für Musikgeschichte	65
. . . .	Vierteljahrsschrift für Musikwissenschaft	64
Dommer, Arrey von	Handbuch für Musikgeschichte	59
Ambros, Aug. W. . .	Geschichte der Musik	52
Goldschmidt, Hugo .	Die italienische Gesangsmethode des XVII. Jahrhunderts	36
Praetorius, Mich. . .	Syntagma Musicum	32
Hofmann, Rich. . . .	Praktische Instrumentationslehre	31
Spitta, Philipp . . .	Johann Sebastian Bach	31
Wagner, Rich. . . .	Gesammelte Schriften	29
. . . .	Jahrbuch der Musikbibliothek Peters	27
Lichtenberger, Henry	Richard Wagner, der Dichter und Denker . . .	26
Thomas, Eug.	Die Instrumentation der Meistersinger v. Nürnberg	25
Coussemaker, E. de .	Scriptores de Musica medii aevi	24
Dittersdorf, Karl v. .	Lebensbeschreibung. (Selbstbiographie.)	24
Ramann, L.	Franz Liszt	24
Jadassohn, S.	Lehrbuch der Instrumentation	24
Müller-Brunow . . .	Tonbildung oder Gesangunterricht?	23
Hanslick, Ed.	Am Ende des Jahrhunderts	22
Cherubini, L.	Theorie des Contrapunktes und der Fuge . . .	21
Schmitt, Friedr. . .	Grosse Gesangschule für Deutschland	19
Weber, Max Maria v.	Carl Maria von Weber. Ein Lebensbild	19
Gerber, Ernst Ludw.	Histor.-biographisches Lexicon der Tonkünstler .	18
Guhr, Carl	Über Paganini's Kunst die Violine zu spielen . .	18
Rauh, Heribert . . .	Beethoven. Historischer Roman	18
Chamberlain, H. S. .	Richard Wagner	17
Eitner, Rob.	Biograph.-Bibliograph. Quellen-Lexicon der Musiker und Musikgelehrten	17
Forkel, Joh. Nic. . .	Allgemeine Geschichte der Musik	17
Gevaert, F. A. . . .	Neue Instrumenten-Lehre	17
Hofmeister	C. F. Whistling's Handbuch der musical. Literatur	17
Spitta, Philipp . . .	Musikgeschichtliche Aufsätze	17

Autor	Titel	Zahl der Entleihungen
Richter, Alfr.	Das Klavierspiel	16
Berlioz, Hector	Gesammelte Schriften	15
Berlioz, Hector	Instrumentationslehre	15
Chrysander, Fr.	Händel	15
Kretzschmar, Herm.	Die Venetianische Oper und die Werke Cavalli's und Cesti's	15
Pohl, Louise	Hector Berlioz, Leben und Werke	15
Pohl, Rich.	Hector Berlioz	15
Tschaikowsky, Peter	Musikalische Erinnerungen	15
Bulthaupt, Heinr.	Dramaturgie der Oper	14
Coussemaker, E. de	L'Art harmonique aux XIIe et XIIIe siècles	14
Elben, Otto	Der volkstümliche deutsche Männergesang	14
Haberl, Fr. Xav.	Kirchenmusikalisches Jahrbuch	14
Hanslick, Ed.	Fünf Jahre Musik	14
Hanslick, Ed.	Geschichte des Concertwesens in Wien	14
Kuhnau, Joh.	Der musikalische Quack-Salber	14
Liszt, Franz	Gesammelte Schriften	14
Beethoven, Ludw. v.	Studien im Generalbass, Contrapunkt und in der Compositionslehre	13
Bie, Oscar	Das Klavier und seine Meister	13
Doni, Glo. B.	Compendio del Trattato de' Generi e de' Modi della Musica	13
Gassner, Ferd. S.	Dirigent und Ripienist	13
Goldschmidt, Hugo	Handbuch der deutschen Gesangspädagogik	13
Hanslick, Ed.	Aus meinem Leben	13
Kretzschmar, Herm.	Sachsen in der Musikgeschichte	13
Walther, Joh. Gottfr.	Musikalisches Lexicon	13
Chamberlain, H. S.	Das Drama Richard Wagner's	12
Chrysander, Fr.	Jahrbücher für musikalische Wissenschaft	12
Fuchs, Carl	Präliminarien zu einer Kritik der Tonkunst	12
Gaspari, Gaet.	Catalogo della Biblioteca del Liceo musicale di Bologna	12
Gassner, Ferd. S.	Partiturkenntniss	12
Glasenapp, Carl Fr.	Richard Wagner's Leben und Wirken	12
Marpurg, Friedr. W.	Historisch-Kritische Beyträge	12
Mattheson, J.	Grundlage einer Ehren-Pforte	12
Riemann, Hugo	Geschichte der Musiktheorie	12
Schottky, Jul. M.	Paganini's Leben und Treiben als Künstler und als Mensch	12

Autor	Titel	Zahl der Entleihungen
Thouret, G.	Katalog der Musiksammlung auf der Königl. Hausbibliothek zu Berlin	12
Vischer, Friedr. Th. .	Aesthetik oder Wissenschaft des Schönen	12
Vogel, Emil	Bibliothek der gedruckten weltlichen Vocalmusik Italiens 1500—1700	12
Breslaur, Emil . . .	Methodik des Klavier-Unterrichts	11
Kochmann, J. Carl. .	Wegweiser durch die Klavier-Litteratur	11
Hanslick, Ed.	Aus dem Tagebuche eines Musikers	11
Hessel, S.	Die Familie Mendelssohn, 1729—1847	11
Jahn, O.	W. A. Mozart	11
Kalbeck, Max	Opern-Abende	11
Minoja, Anastasio . . .	Geheimnisse der berühmten Sänger und Sängerinnen in der Kunst, die grösste Virtuosität im Gesange zu erlangen	11
Reimann, Heinr. . . .	Johannes Brahms	11
Rubinstein, Ant. . .	Die Meister des Klaviers	11
Schletterer, H. S. . . .	Katalog der in der Kreis- und Stadt-Bibliothek zu Augsburg befindlichen Musikwerke	11
Spohr, Louis	Violinschule	11
Vogel, Bernh. . . .	Johannes Brahms	11
. . . .	Briefwechsel zwischen Wagner und Liszt	11
Walter, Fr.	Archiv und Bibliothek des grossherzoglichen Hof- und Nationaltheaters in Mannheim 1779—1839	11
Weingartner, Fel. . .	Über das Dirigiren	11
Widmann, Bened. . .	Theoretisch-prakt. Anleitung zur Partiturkenntniss	11
Winterfeld, Carl v. .	Der evangelische Kirchengesang	11
Zopf, Herm. . . .	Grundzüge einer Theorie der Oper	11
Dörffel, Alfr.	Geschichte der Gewandhausconcerte	10
Eitner, Rob.	Katalog der Musikalien-Sammlung des Joachimsthalschen Gymnasium zu Berlin	10
Glasenapp, Carl Fr. .	Wagner-Encyklopädie	10
Hanslick, Ed.	Die moderne Oper	10
Hanslick, Ed.	Musikalische Stationen	10
Hanslick, Ed.	Aus dem Opernleben der Gegenwart	10
Hanslick, Ed.	Musikalisches Skizzenbuch	10
Hanslick, Ed.	Concerte, Compositionen und Virtuosen der letzten 15 Jahre 1870—1885	10
Kiesewetter, R. G. . .	Schicksale u. Beschaffenheit des weltlichen Gesanges	10
Polko, Elise	Musikalische Märchen, Phantasien und Skizzen .	10
Riemann, Hugo . . .	Über das musikalische Hören	10

Autor	Titel	Zahl der Entlehungen
Schneider, K. E. . .	Das Musikalische Lied in geschichtlicher Entwickelung	10
Thayer, Alex.	Ludwig von Beethoven's Leben	10
Waldersee, Paul v. .	Sammlung musikalischer Vorträge	10
Wasielewski, W. J. v.	Die Violine im XVII. Jahrhundert	10
Weingartner, Fel. . .	Bayreuth (1876—1896)	10
Widmann, J. V. . . .	Johannes Brahms in Erinnerungen	10
Wilsing, Heinr. . . .	Richard Wagner, die Meistersinger von Nürnberg	10
Wolfrum, Th.	Die Entstehung und Entwickelung des deutschen evangelischen Kirchenliedes	10
Wolzogen, Hans v. .	Führer durch die Musik zu Richard Wagner's Festspiel Der Ring des Nibelungen	10

Praktische Werke.

Komponist	Titel	Zahl der Entlehungen
Wagner, Rich. . . .	Der fliegende Holländer, Partitur	31
Wagner, Rich. . . .	Tannhäuser, Partitur	27
Wüllner, Fr.	Chorübungen	27
Wagner, Rich. . . .	Lohengrin, Partitur	25
Wagner, Rich. . . .	Der fliegende Holländer, Klavier-Auszug	23
Wagner, Rich. . . .	Die Meistersinger von Nürnberg, Partitur . . .	22
Wagner, Rich. . . .	Die Meistersinger von Nürnberg, Klavier-Auszug	21
Tschaikowsky, P. . .	Op. 74. Symphonie pathétique No. 6, Partitur .	18
Wagner, Rich. . . .	Rheingold, Partitur	18
Wagner, Rich. . . .	Tristan und Isolde, Partitur	18
Bizet, G.	Carmen, Partitur	17
. . . .	Schlussband der Gesammt-Ausgabe zu Joh. Seb. Bach's Werken	16
Brahms, Joh.	Op. 90. Dritte Symphonie (F dur), Partitur . .	16
Schütz, Heinr. . . .	Die Symphoniae sacrae, Gesammt-Ausgabe . . .	16
Wagner, Rich. . . .	Lohengrin, Klavier-Auszug	16
Keiser, Reinh. . . .	Erlesene Sätze aus der Opera L'Inganno fedele .	15
Thomas, Ambr. . . .	Mignon, Klavier-Auszug	15
Wagner, Rich. . . .	Tannhäuser, Klavier-Auszug	15
Wagner, Rich. . . .	Tristan und Isolde, Klavier-Auszug	15
Bizet, G.	Carmen, Klavier-Auszug	14

Komponist	Titel	Zahl der Entleihungen
Brahms, Joh. . . .	Op. 68. Symphonie (No. 1) C moll, Partitur . .	14
Berlioz, H.	Les Troyens, Klavier-Auszug	13
Mendelssohn, Felix .	Lieder für Sopran, Alt, Tenor und Bass, Gesammt-Ausgabe	13
Strauss, Rich. . . .	Ein Heldenleben, Partitur	13
Tschaikowsky, P. . .	Op. 64. Fünfte Symphonie (E moll) Partitur . .	13
Verdi, G.	La Traviata, Klavier-Auszug	13
Liszt, Franz	Der Tanz in der Dorfschenke (Mephisto-Walzer), Partitur	12
Strauss, Rich. . . .	„Also sprach Zarathustra", Partitur	12
Weber, Carl M. v. .	Ouverturen: Freischütz, Oberon, Euryanthe, Jubel-Ouverture, Partitur	12
Flotow, Fr. v. . . .	Alessandro Stradella, Partitur	11
Wagner, Rich. . . .	Eine Faust-Ouverture, Partitur	11
Wagner, Rich. . . .	Walküre, Partitur	11
Brahms, Joh.	Op. 77. Violin-Concert, Partitur	10
Cornelius, P.	Der Barbier von Bagdad, Klavier-Auszug	10
Humperdinck, E. . .	Hänsel und Gretel, Partitur	10
Kross, Emil	Die Kunst der Bogenführung	10
. . . .	Orlando di Lasso's Werke, Gesammt-Ausgabe . .	10
Strauss, Joh.	Die Fledermaus, Klavier-Auszug	10
Strauss, Rich. . . .	Tod und Verklärung, Partitur	10
Wagner, Rich. . . .	Siegfried, Partitur	10
Wagner, Rich. . . .	Walküre, Klavier-Auszug	10
Weber, Carl M. v. .	Freischütz, Partitur	10
Wolf, Hugo	Gedichte von Eduard Mörike	10

Leipzig, im Mai 1901.

C. F. Peters. Dr. Emil Vogel.
Bibliothekar.

Die wichtigsten Erscheinungen
in der Musik seit dem Tode Richard Wagners.

Von

Leopold Schmidt.

Für einen geschichtlichen Rückblick auf die musikalische Produktion der jüngsten Vergangenheit, soweit sie in der veröffentlichten praktischen Musiklitteratur in die Erscheinung tritt, bietet das Jahr 1883, das Todesjahr Richard Wagners, eine natürliche Grenze. Innerhalb der neuesten Entwicklung der Tonkunst ist nichts von so bedeutsamem, von so durchgreifendem Einfluss gewesen, wie das Auftreten des Bayreuther Meisters. In seinem Wirken haben wir das charakteristische Geschehnis des Jahrhunderts, den wesentlichsten Fortschritt seit Beethoven zu erblicken. Nicht ohne erbitterte und langwierige Kämpfe vollziehen sich so tiefgehende Wandlungen, und daher konnte auch Wagner erst am Abend seines Lebens die Keime seiner befruchtenden und regenerierenden Saat voll in die Höhe schiessen sehen. Als dann aber der Tod die menschliche Persönlichkeit dem Streit der Meinungen entzogen und seine verklärende Macht geübt hatte, da war der Moment gekommen, wo das Wagnertum zu ungehinderter Ausbreitung gelangte. Vom Beginn der achtziger Jahre ab musste es sich zeigen, welche Kräfte ihm innewohnten, ob sein Einfluss ein nachhaltiger und allgemeiner, und auf wie weite Kreise eine etwa eintretende Reaktion sich erstrecken würde. In den hinter uns liegenden letzten 20 Jahren hatte die Tonkunst wohl oder übel Stellung zu nehmen zu neuen Anschauungen und Grundsätzen, die viel zu nachdrücklich verkündet waren, um irgendwo gänzlich eindruckslos zu verhallen. Von diesem Gesichtspunkte aus darf man diesen Zeitraum wohl einmal im Zusammenhang betrachten, wenn auch natürlich das Material noch nicht übersichtlich genug vorliegt, um seine Bedeutung für die weitere Entwicklung bestimmen zu können.

Das 19. Jahrhundert hat in seinem ganzen Verlaufe Deutschland mit Entschiedenheit an die Spitze der musikalischen Bewegung gebracht. Die Werke unserer grossen Tonmeister haben sich die Welt erobert, ihr Einfluss hat die Jahrhunderte alte Vorherrschaft der Italiener gebrochen und ist, bis jetzt wenigstens, mit dem keiner anderen Nation zu vergleichen. Aber nicht nur durch das Übergewicht seiner schöpferischen Geister, auch durch die Verhältnisse der öffentlichen Musikpflege ist Deutschland mehr und mehr in den Vordergrund gerückt. Zwar wäre es chauvinistischer Eigendünkel, wollte man die Vorzüge fremder Kunstübung im einzelnen übersehen; es lässt sich jedoch nicht leugnen, dass kein anderes Land eine solche Fülle vortrefflicher instrumentaler und vokaler Körperschaften besitzt, ein so gründlich und vielseitig gebildetes Musikertum, das allen Richtungen und Stilarten bis zu einem gewissen Grade gleich vollkommen gerecht zu werden vermag. Andrerseits ist Deutschland zu einer Art musikalischem Weltmarkt geworden, nach dem Alles hinströmt, zu dem das gesamte Ausland seine wichtigsten Werke und Vertreter entsendet. Hier spiegelt sich das Musiktreiben aller Völker, hier kommt, auch was jenseits der Grenzen unseres Vaterlandes an wahrhaft Bedeutendem entsteht, früher oder später zu seiner Geltung. Der ständige Beobachter dieses Schauplatzes ist daher wohl am ehesten in der Lage, sich eine Vorstellung von dem jeweiligen Zeitbilde zu machen. Wenn in den folgenden Blättern der Versuch unternommen ist, solchen Beobachtungen einige allgemeine Gesichtspunkte abzugewinnen, so konnten dabei nur die allerwichtigsten und markantesten Erscheinungen in Frage kommen, sollten die Züge des in knappem Rahmen gefassten Bildes nicht undeutlich werden. Obgleich die Konzertprogramme nie internationaler waren als heutzutage, ist dabei doch neben der formalen Klassifizierung der Werke ihre Einteilung nach der Nationalität ihrer Schöpfer beibehalten worden, weil sie am meisten geeignet ist, die stattgehabten Wechselbeziehungen aufzudecken.

Zu den wesentlichen Merkmalen der neudeutschen Schule gehört die liebevolle Pflege, die sie ganz besonders der Ausbildung des modernen Instrumentalstiles angedeihen lässt. Es ist merkwürdig, dass gerade Wagner, der theoretisch die Musik von der Sprache ableitete, der praktisch für das gesungene Wort als für die höchste Blüte aller Tonkunst eintrat, dass gerade er (wenn auch nicht er allein) der reinen Instrumentalmusik die nachhaltigsten Impulse gegeben hat. Was bei ihm nur Mittel zum Zweck war, die Ausdrucksfähigkeit seines Orchesters, das wurde bald als etwas Selbständiges aufgegriffen und fortgeführt. Nachdem er im musikalischen Drama die vokale Bühnenkunst zu höchster Vollendung und zu einem vorläufigen Abschluss gebracht hatte, haben seine Jünger und Nachfolger ihr Bestes und Eigenartigstes wieder in den Formen der reinen Instrumentalmusik ausgesprochen. Deshalb sei auch die Betrachtung des symphonischen Gebietes, das neben der eigentlichen Symphonie alle ernstere Orchestermusik umfasst, an die Spitze unserer Übersicht gestellt.

Zu Beginn der Epoche, von der hier die Rede ist, stand einer der gewaltigsten Meister noch in ungebrochener Schaffenskraft unter uns: Johannes Brahms, dem nach dem Hinscheiden Wagners unbeanstandet die geistige Führerrolle, zumal im Bereich des Symphonischen, zufiel. Ein Moderner in jeglichem Sinne, in seiner Art zu empfinden wie zu bilden, eine ureigene Persönlichkeit, nicht weniger als sein grosser Zeitgenosse selbständige und neue Bahnen wandelnd, hat er doch die Formen der Klassiker nicht fallen lassen, sondern sie vielmehr mit neuem Geiste gefüllt. Tiefer als die Romantiker, als Mendelssohn und Schumann, hat er die Idee der Symphonie erfasst, unbeschränkter als bei jenen war bei ihm die Herrschaft über die technischen Mittel. Man muss bis auf Beethoven zurückgehen, um die Vorbilder zu finden, an die er anknüpft; den Geist jener glänzendsten Periode des deutschen Instrumentalstils hat er am reinsten in unsere Tage hinübergerettet. Ohne weniger bedeutend in seiner Gesangs- und Kammermusik zu sein, ragt Brahms doch gerade als Symphoniker unverkennbar über seine Umgebung hervor. 1884 erschien die III. Symphonie in F, die man die dithyrambische nennen könnte, zwei Jahre später die tiefsinnige Emoll. Hatten die ersten beiden (in Cm. und D) noch hie und da Anlehnungen und leise Schwankungen in der stilistischen Behandlung des Orchesters gezeigt, so offenbarte sich in diesen letzten Symphonien die ganze Reife des Meisters, die unergründliche Tiefe und die Fruchtbarkeit seiner Phantasie. Mit ihren Geschwistern haben sie längst in den deutschen, zum Teil auch in ausländischen Konzertsälen sich eingebürgert; eine wohl nicht zu ferne Zukunft wird voraussichtlich noch viel intimere Fühlung mit ihnen gewinnen.

An der Stätte, wo er lebte, in Wien, versuchte die Partei einseitiger Wagnerfreunde Brahms in der Person Anton Bruckners einen Rivalen an die Seite zu setzen. Aus Gründen, die nicht» mit Geschmacksrichtung und persönlichem Urteil zu thun haben, musste dieser Versuch scheitern. Bei aller Genialität Bruckners, die kein Verständiger leugnen wird, barg seine musikalische Natur zu unüberbrückbare Gegensätze, als dass ihm wirkliche Grösse zugesprochen werden könnte. Eine vornehmlich in den Farben der Klänge schwelgende Phantasie scheint doch von vornherein auf ein ganz anderes als das Gebiet symphonischer Gesetzmässigkeit hingewiesen, und sonderbar genug nehmen sich dann wieder die strengen kontrapunktischen Durchführungen, die den ehemaligen Organisten verraten, inmitten freiester Ergüsse aus. Was im Musikdrama Richard Wagners seine volle Berechtigung hat, die von der dichterischen Vorstellung geregelte Sprache des Orchesters, erscheint bei dem Symphoniker Bruckner stillos; und wer in der Ausdehnung eines Satzes noch keine Grösse erblickt, wird in der fortwährenden Aneinanderreihung einzelner Abschnitte doch schliesslich die mangelnde Beherrschung grosser Formen erkennen. Trotz alledem ist die thematische Erfindungskraft Bruckners, die stets ins Gewaltige strebt, eine so glückliche, seine instrumentalen Einfälle und kontrapunktischen Kombinationen sind oft so interessant, dass seine Werke zweifellos zu den hervorragenden gerechnet werden müssen. Zum grössten Teil sind sie schon zu Lebzeiten Wagners entstanden; aber erst nach der Entdeckung der VII. (Edur-)Symphonie durch Nikisch im Jahre 1884, der dann noch eine VIII. in Cmoll folgte, wurden auch die früheren allmählich bekannt und gewürdigt.

Nahmen Bruckner sowohl wie Brahms im grossen und ganzen beide von

2*

der Symphonie Beethovens ihren Ausgang, so gesellte sich ihnen in Richard
Strauss, als dritte bedeutendste Erscheinung ein aus ganz anderem Lager
kommender Weggenosse zu. Der Entwicklung seines Geistes war durch Franz
Liszt und durch den kühnen Neuerer A. Ritter die Bahn gewiesen, und gar
bald verliess er den Stil seiner Jugendwerke und der Fmoll-Symphonie op. 12,
um sich ganz der Programmmusik zuzuwenden. Wie er dies that, ist in
hohem Grade eigentümlich und bezeichnend für seine Selbständigkeit. Liszt
hatte der freien „symphonischen Dichtung" eine poetische Wärme eingehaucht,
die man bei seinem Vorgänger Berlioz vergebens sucht. Für Richard Strauss
ist nun nicht sowohl die Bevorzugung der zwanglosen Form gegenüber der
klassischen Symphonie charakteristisch als die psychologische Vertiefung des
Verfahrens. Mehr und mehr treten bei ihm innere Vorgänge an die Stelle
äusserer Geschehnisse, zugleich aber nimmt im einzelnen der deskriptive
Charakter seiner Musik zu. Daher werden seine Programme den meisten
Lisztschen gegenüber abstrakter und eingehender. Nach seinen ersten
Schöpfungen auf diesem Gebiete (Italien, Don Juan, Macbeth) erreichte Strauss
1891 mit „Tod und Verklärung" eine ergreifende Ausdrucksgewalt. Zu
statten kam ihm dabei die geniale Beherrschung der Orchestertechnik, die
er noch flüssiger und reicher gestaltete, und eine ungewöhnliche kontrapunktische Gewandtheit. Nach mehrjähriger Pause (während welcher der Komponist
auf dramatischem Gebiete thätig war), tritt uns im „Till Eulenspiegel" ganz
unvermittelt eine neue Seite seiner Begabung entgegen. Der Humorist Strauss
ist eine um so erfreulichere Erscheinung, als gerade in der Musik der echte
Humor sich so selten vertreten findet. Von den skurrilen Einfällen der
volkstümlichen Schalkslegende bis zu der Lämmerherde im „Don Quixote"
und der Widersacherepisode im „Heldenleben" hat Strauss die Ausdrucksfähigkeit des Orchesters nach der humoristischen und derb-sinnlichen Seite bis
an die äusserste Grenze gesteigert. Man kann förmlich verfolgen, wie ihn
das Gefühl seines Könnens zur Lösung immer absonderlicherer Aufgaben ver-
leitet. Dazwischen bilden die pathetischen Partien des „Heldenleben" und
die Tondichtung „Also sprach Zarathustra" wiederum Beispiele für die dem
Höchsten zugewandten Bestrebungen des Komponisten. Dem letztgenannten
Werke hat man mit Unrecht philosophierende Tendenzen vorgeworfen;
Nietzsches Dichtung bietet genug der lyrischen Momente, die einer Auflösung
in Tönen zum mindesten nicht widerstreben. Freilich gewinnt bei Richard
Strauss in seinen jüngsten Arbeiten das Spirituelle der Musik immer mehr
die Oberhand, und immer komplizierter wird der Apparat, den er verwendet.
Der bleibende Wert seines Schaffens wird sich aber danach richten, wie neben
verstandesmässiger Berechnung auch Ursprünglichkeit und Empfindungswärme
wieder in ihre Rechte treten; denn kein Aufwand von Geist und Können wird
je die natürlichen Grundbedingungen aller musikalischen Wirkungen in ihr
Gegenteil verkehren.

Der Einfluss, den Richard Strauss auf seine Zeitgenossen ausübt, ist ziemlich hoch zu veranschlagen. Weit schneller hat er sich durchgesetzt als einst Liszt, dessen gleichgeartete Werke keine für das Verständnis so vorbereitete Zeit fanden. Von Liszts symphonischen Dichtungen, die eigentlich erst jetzt in weitere Kreise dringen, erschien die letzte „Von der Wiege bis zur Bahre" gerade im Jahre 1883. Die durch Strauss angeregte Fortbildung der Gattung lenkte die Produktion noch weiter auf diese Bahn, desgleichen beginnt seine Harmonik und seine Orchesterbehandlung mehr und mehr vorbildlich zu werden. Unter den von ihm beeinflussten jüngeren Musikern, die im allgemeinen nicht allzuviel Talent und Selbständigkeit ins Feld zu führen haben, ist als hoffnungsvollster Siegmund v. Hausegger zu nennen. Seine Barbarossa-Dichtung, die ihm unlängst einen starken Erfolg errang, sucht programmatischen Inhalt mit den Formen der Symphonie zu verbinden. Sie zeigt durchaus modernes Gepräge, eine virtuose Handhabung aller Orchestermittel und, was das Wesentlichste ist, natürliche Erfindung und einen frischen, gesunden Zug. Die Idee, die überlieferten symphonischen Formen in der poetisierenden Orchestermusik nicht völlig aufzugeben, die bereits Liszt beschäftigt hatte, kehrt natürlich auch sonst in mancherlei Gestaltungen wieder. Einen eigenartigen, nicht uninteressanten Versuch zu ihrer Verwirklichung unternimmt Gustav Mahler in seiner Cmoll-Symphonie (1895), die, tiefsinnig und in titanenhaften Verhältnissen angelegt, nach dem Vorgang der „Neunten" Chor und Soli in ihr Bereich zieht. Wie Strauss geht auch Felix Weingartner von der symphonischen Dichtung Liszts aus. Sein „Gefilde der Seligen" und „König Lear" sind Erzeugnisse einer lebhaften Phantasie; sie sind mit einer intimen Kenntnis der Orchesterwirkungen geschrieben, die schon an sich ihnen einen gewissen Wert verleiht. Ein ganz anderes Gesicht zeigt Weingartner in seinen eigentlichen Symphonien; die zweite (Esdur) knüpft deutlich an Beethoven an, die erste (in G) zeigt eine fast Haydnsche Einfachheit der Formen und Gedanken. Auf die innere Notwendigkeit seines Produzierens lässt allerdings dieses vielseitige Anpassungsvermögen des Komponisten keinen allzu günstigen Rückschluss zu. Aus dem Weimarer Kreise ist ferner noch Eugen d'Albert hervorgegangen; seine einzige bisher veröffentlichte Symphonie (Fdur, op. 4) trägt jedoch, wie seine Instrumentalmusik überhaupt, eher ein Brahmssches als ein „neudeutsches" Gepräge.

Der Gruppe der genannten jüngeren Musiker stehen einige ältere Meister gegenüber, die durchaus in der Weise der Romantiker die Symphonie als absolute Musikform weiterpflegten. Einen ebenbürtigen Nachfolger Brahms' treffen wir unter ihnen nicht an, wohl aber voll ausgereifte Künstlernaturen, die manches Persönliche und glücklich Erfundene in klarer Formensprache zu sagen wussten. Friedrich Gernsheim (seine IV. Symphonie in B erschien 1896) und August Klughardt (III.—V. Symphonie) sind als die bedeutendsten zu nennen. Stark beeinflusst von Brahms war Heinrich v. Herzogenberg; eine Verwandtschaft mit dem romantischen Geiste Schumanns zeigt Ernst Rudorff, dessen feinsinnige Serenaden nicht übergangen werden sollen. Die von Brahms geschaffene Form der Orchestervariationen hat mit Glück Jean Nicodé aufgegriffen, der auch wegen seiner Symphonie-Ode „Das Meer" (mit Chor) Beachtung verdient, desgleichen Hans Koessler in seiner neuesten, dem Andenken des älteren Meisters gewidmeten Arbeit. Karl Goldmark vermochte mit seiner farbenprächtigen zweiten Symphonie in Es (1887) den Erfolg seiner „Ländlichen Hochzeit" nicht wieder zu erreichen. Die lockere Form der Suite liegt seiner Begabung günstiger; ein reizvolles Orchesterstück ist die Ouvertüre „Im Frühling". Carl Reinecke brachte sich als Symphoniker 1896 in die Erinnerung mit seiner formvollendeten III. Symphonie in Gmoll; Max Bruch hat auf andern Gebieten zu Bedeutendes geleistet, um durch seine Edur-Symphonie Aufmerksamkeit zu erregen. Robert Fuchs liess den Streichserenaden, die seinen Namen bekannt gemacht haben, 1892 ein weiteres zierliches Beispiel der Gattung (mit 2 Hörnern) folgen. In mannigfachen symphonischen Formen gaben Humperdinck (Maurische Rhapsodie), Max Schillings (Meergruss, Meermorgen, Zwiegespräch) und Georg Schumann (die Ouvertüren „Carneval" und „Frühlingsfeier"; Variationen über einen Choral) Bemerkenswertes. Neuerdings lenkten Fr. E. Koch („Von der Nordsee"), Philipp Scharwenka (Dramatische Fantasie) und Wilhelm Berger (Symphonien in B und Hm.) die Aufmerksamkeit auf sich. Abseits in etwas einsamer Stellung schafft Felix Draeseke. In seiner II. und III. Symphonie (Cm, Tragica) ist gegen frühere Werke eine auffallende Annäherung an den klassischen Stil zu konstatieren, ein Lossagen von der neudeutschen Richtung, für die Draeseke einst so begeistert eingetreten war. Weniger bedeutend sind die Ouvertüren, die sich in etwas äusserliche orchestrale Wirkungen verlieren.

Wir können hier füglich die beiden Böhmen Smetana und Dvořák anreihen, denn die tschechische Musik unterscheidet sich in der Sphäre der höheren Tonkunst nicht wesentlich von der deutschen. Freilich spielen die nationalen Themen namentlich bei Dvořák eine grosse Rolle; im übrigen ist in seinen Symphonien, wie in seiner ganzen Musik die Abhängigkeit von Brahms unverkennbar. Seine 5 Symphonien (die letzte 1896 „Aus der neuen Welt") weisen keinen tieferen Gehalt auf und sind deshalb trotz ihrer glänzenden Instrumentierung nur von relativer Bedeutung. Die frische Art Dvořáks und seine lebhafte Phantasie kommt besser in den Konzertouvertüren (Husitská, Othello u. s. w.) und in den symphonischen Dichtungen zum Ausdruck, obgleich auch hier nicht der Schwerpunkt seines Schaffens liegt. Smetana starb bereits 1884 und gehört nur insofern hierher, als seine Werke erst nach seinem Tode sich die Stellung im öffentlichen Kunstleben erobert haben, die ihnen gebührt. Von den symphonischen Arbeiten ist die eigenartigste und wertvollste die cyklische Tondichtung „Mein Vaterland". Smetana war ein überzeugter Anhänger der neudeutschen Richtung. Durch eine Symphonie in E lernte man vor kurzem in Josef Suk einen für den polyphonen Orchesterstil auffällig begabten jüngeren Landsmann der beiden Meister kennen. Früher noch als in Deutschland hatten die von Liszt ausgehenden Anregungen in Frankreich Wurzel geschlagen. Hier erstand in Camille Saint-Saëns der freien symphonischen Tondichtung ein starker Vorkämpfer, der denn auch zuerst bei uns für seine glänzenden Orchesterstücke „Danse macabre" „Phaëton" u. s. w. lebhaftere Anerkennung davontrug. Saint-Saëns, der heute als der unzweifelhaft bedeutendste Musiker Frankreichs dasteht, ist trotzdem im Grunde keine fortschrittlich gesinnte Natur. Was ihn zu dem Genre der „Tondichtung" zog, war wohl zumeist die Gelegenheit, seine geistreiche Instrumentierungskunst leuchten zu lassen; später hat er sich dem älteren Stile der absoluten Musiker zugewendet und auch hier Proben vornehmen Geschmackes und einer seltenen Meisterschaft in allem Technischen gegeben. Für uns kommen seine III. Symphonie in Cm. (1886) und kleinere Instrumentalwerke, die er Rhapsodien betitelt, in Betracht. Er musiziert darin ungleich bedeutsamer als die meisten der französischen Zeitgenossen. Die Symphonien von Godard und Lalo haben doch nur den Wert geistreicher Orchesterstücke, der auch den graziösen Suiten Moritz Moszkowskis zugesprochen werden muss, des in Deutschland ausgebildeten Polen, der sich später in Paris völlig akklimatisiert hat. Bezeichnend für diese Gruppe von Komponisten ist ein gewisses Raffinement der Technik, wie es die seiner originellen Natur entsprechende Schreibweise Bizets zuerst in die französische Musik eingeführt hat. Mehr auf Umnodelung der Formen und Vertiefung des Gedankengehaltes ging das Streben César Francks, dessen letzte Symphonie in das Jahr 1889 fällt. Ihm ist das Eindringen deutscher Elemente in die französische Tonkunst zu verdanken. Wir kennen den Begründer der modernen Komponistenschule Frankreichs hauptsächlich aus den „Béatitudes" und den symphonischen Variationen für Klavier und Orchester. Sein begabtester Schüler Vincent d'Indy ist erfolgreich für die Programmusik eingetreten („Wallenstein", „Sur un chant montagnard", „Istar"). Hierher gehört auch der Belgier Edgard Tinel mit seinen „symphonischen Tongemälden", während Théodore Gouvy ziemlich vereinzelt auf dem Standpunkte Mendelssohns stehen geblieben ist.

Von jeher hat Italien an der Entwicklung der Symphonie, einer wesentlich deutschen Musikgattung, am wenigsten Anteil genommen. Das ganze Jahrhundert hindurch haben seine Tonsetzer ihre Kräfte vornehmlich der Kirche und der Opernbühne geliehen; um so charakteristischer ist für die jüngste Vergangenheit die zunehmende Pflege der reinen Instrumentalformen. Das Ergebnis ist vorläufig noch ein geringes, aber in der Ddur-Symphonie Sgambatis, in der Gmoll (op. 75) von Martucci und in Bazzinis symphonischer Dichtung

Bungert gelten, der es unternahm, der Tetralogie des „Ringes" ein gleich gross und auf der Basis leitmotivischer Verwebung angelegtes Werk in der „Homerischen Welt" an die Seite zu setzen. Die Mitwelt hat nach den Aufführungen der bisher beendeten Teile „Kirke" (1898), „Odysseus' Heimkehr" (1898) und „Nausikaa" (1901) nicht gerade zu Gunsten des Autors entschieden; auch die bereitwillige Anerkennung einzelner Schönheiten wird das Unzulängliche der Mittel nicht übersehen können und in Bungert vornehmlich den Vokalisten und Lyriker geschätzt wissen wollen.

Die schon erwähnte Bewegung zu Beginn der neunziger Jahre, die von Italien ihren Ausgang nahm und gewöhnlich unter dem Namen der „veristischen" zusammengefasst wird, brachte zur rechten Zeit wieder Leben in die stagnierenden Verhältnisse der Opernbühne. Man ist jetzt nicht gut auf sie zu sprechen, weil ihre Vertreter künstlerisch nicht gehalten haben, was sie in ihren Erstlingswerken verhiessen, und weil allzu voreilige Überschätzung rektifiziert werden musste. Das darf uns aber nicht abhalten, ihre geschichtliche Bedeutung anzuerkennen. Jene Komponisten haben gegenüber einer Kunstrichtung, die alle Verhältnisse ins Masslose zu steigern und dadurch die Grenzen der Leistungs- und Genusskraft aller Beteiligten zu überschreiten drohte, die Vorzüge der knappen und konzisen Fassung dramatischer Konflikte dargethan; sie haben in ihren Werken der Märchen- und Sagenwelt den Rücken gekehrt und die Handlung auf den realen Boden des menschlichen Lebens gestellt. Der begeisterte Beifall des Publikums, auch des deutschen, war die Antwort darauf, war die unbewusste Feststellung, dass hier ein Bedürfnis befriedigt wurde. Die beiden Häupter der jungitalienischen Schule sind keine sonderlich feinsinnig oder tief veranlagten Künstler, aber der eine, Mascagni, ist ein ursprüngliches Musikantengenie mit eigener Melodie, dem es leider an gründlicher Bildung mangelt, der andere, Leoncavallo, ein gescheuter Kopf voll natürlichen Kunstverstandes. Die Hauptwerke beider, „Cavalleria rusticana" (1890) und „Pagliacci" (1892) wird die Geschichte zu verzeichnen haben. Als dritter im Bunde ist Puccini zu nennen (Le Villi, Manon, La Bohème), fein und sorgfältig in der Arbeit, oft bizarr, aber interessant in harmonischer Beziehung. Neben diesen haben sich noch in letzter Zeit Tasca (A santa Lucia, Pergolesi), Spinelli (A basso porto) und Giordano (Mala vita, André Chénier, Fedora) einen Namen gemacht; man wird jedoch ihren Partituren nur bedingt und nur teilweise Wert beimessen können. Während solchergestalt die Opernbühne einen neuen Aufschwung nahm, hatte Italien das Glück, in Giuseppe Verdi noch den letzten Repräsentanten einer schaffenskräftigen Vergangenheit zu besitzen, einen jener Meister, deren Grösse und Bedeutung nicht von der Einschätzung einer Partei oder einer Zeitrichtung abhängen. Fast noch zwei Jahrzehnte nach Wagners Tode überstrahlte sein Genie Alles, was um ihn herum zum Leben drängte. Mit dem „Otello" (1887) und dem „Falstaff" (1893) übergab er der Bühne seine reifsten

Schöpfungen, das künstlerische Vermächtnis seines reichen Lebens. Noch einmal hat er darin mit aller Kraft das romanische Ideal dem germanischen gegenübergestellt. Der „Falstaff" wendet sich an die Musiker aller Nationen; er ist das „Ereignis" seit dem Parsifal und eröffnet einen neuen Ausblick auf die Zukunft des musikalischen Dramas, er ist die Brücke zwischen dem Schaffen Richard Wagners und dem nächsten epochemachenden Werke, dem wir alle entgegensehen.

Im Gegensatz zu Italien hat in Frankreich die jüngste Entwicklung der dramatischen Musik keine im höheren Sinne bedeutsame Resultate gezeitigt. Unter den Männern, die das Erbe Gounods, Thomas' und Bizets angetreten, hat keiner einen entscheidenden Schritt vorwärts gethan. Saint-Saëns zeigt sich in „Henri VIII." und „Ascanio" moderner und vielseitiger als in früheren Opern und weiss als hervorragender Musiker in jeder Partitur zu fesseln. Massenet hat für die grosse wie für die komische Oper eine Reihe erfolgreicher Werke geschaffen, von denen „Cid", „Manon" und „Sapho" auch in Deutschland bekannt zu sein verdienten; er ist als Musiker nicht so bedeutend wie Saint-Saëns, besitzt aber mehr Bühnenblut. Als dritter wäre Ernest Reyer zu nennen. Seine Opern „Sigurd" und „Salammbô" wahren mit Meisterschaft die Würde des „grossen" Stiles und sind doch von warmem dramatischen Leben erfüllt. Einige in ihrer Anmut und Feinheit echt französische Werke haben Godard (La vivandière), Delibes (Lakmé) und Lalo (Le roi d'Ys) der Bühne geschenkt, aber weit mehr als ihnen neigt sich jetzt das allgemeine Interesse einer jüngeren Komponistengruppe zu, die in ganz anderer Weise als es Joncières in seinem „Johann von Lothringen" (1885) gethan hatte, das Wagnersche Musikdrama auf sich wirken lässt. Zu ihr gehören neben dem verstorbenen Chabrier („Le roi malgré lui", „Gwendoline", das Fragment „Briséis") und Vincent d'Indy („Fervaal") vornehmlich Bruneau („Messidor", „Rêve"), Charpentier („Louise") und Erlanger („Le juif polonais"). Ob das Vordringen der neudeutschen Richtung, welche wesentlichen Eigenschaften des romanischen Geistes zuwiderläuft, die französische Produktion günstig beeinflusst, bleibt abzuwarten. Vielleicht findet später eine ausgleichende organische Vermischung statt; vorläufig müssen häufig, wie bei Charpentiers vielbewunderter „Louise" stoffliche und andere Nebeninteressen den wenig bedeutsamen Eindruck der Musik an sich wettmachen. Eine dritte Komponistengruppe arbeitet ausschliesslich für das Vaudeville. Audran, Messager und Varney gehören zu den musikalisch besseren unter ihnen, seitdem Planquette und Lecocq sich ausgeschrieben haben. Die gute Tradition der einstigen Buffooper Offenbach's ist ganz geschwunden, seitdem der Geschmack der Komponisten und des Publikums sich mehr der Posse und dem Variété zugewendet hat. Diese Dekadenz des heiteren Genres macht sich auch in anderen Ländern fühlbar. In Deutschland ist die eigentliche Operette im Aussterben; das französische Vaudeville („Nitouche", „Miss Helyett")

und die englische Tanz- und Gesangsposse, wie sie Sullivan ("Mikado"
1885) und sein geschicktester Nachahmer Sidney Jones (Geisha 1896)
gepflegt haben, sind an ihre Stelle getreten.

Noch weit weniger als Frankreich hat das übrige Ausland in die Gestaltung der modernen Oper bestimmend eingegriffen. Die Bühnenwerke Tschai-
kowskys haben nur innerhalb der noch jungen russischen Litteratur, sonst
aber wohl nur in Hinblick auf die bedeutende Persönlichkeit des Komponisten Interesse. "Eugen Onegin" (1879), "Pique Dame" (1890) und "Jo-
lanthe" (1893) sind auch in Deutschland gegeben; sie enthalten sehr reizvolle
Musik, sind aber nichts weniger als dramatische Meisterwerke. Einen ähnlichen
Wert besitzen für England die Opern Stanfords (Verschleierte Prophet;
Savonarola) und Sullivans (Ivanhoe), für Schweden diejenigen Halléns
(Harald der Wiking u. A.). Bedeutender ist Stenhammars "Fest auf Sol-
haug" und der Däne Enna hatte mit der "Hexe" (1892) vorübergehend
sogar in Deutschland Erfolg. Die böhmische Nationaloper kommt hier nur
insofern in Betracht, als ihr wichtigster Vertreter Smetana erst nach seinem
Tode weiteren Kreisen bekannt wurde. Seine "Verkaufte Braut" ist seit 1894
dem Repertoire der deutschen Bühnen einverleibt; starken Erfolg hatten auch
"Dalibor" und "Der Kuss". Smetanas Musik, klar und lebendig gestaltet,
voller Erfindung und gewürzt mit nationalen Anklängen, wirkt durch eine
Frische, wie sie nur den besten unter den deutschen komischen Opern eigen ist.

Kürzer als über Oper und Symphonie können wir uns über die anderen
Zweige der Musiklitteratur fassen. Die Kirchenmusik, das Stiefkind der
modernen Komponisten, hat am Ende des Jahrhunderts nicht allzuviel Hervor-
ragendes aufzuweisen. Die monumentalen Werke Bruckners, das Tedeum
(1886), die grosse Fmoll-Messe (1893) stehen ziemlich vereinzelt da; der letzte
Kirchenkomponist grösseren Stils, Friedrich Kiel, war 1885 gestorben. In
kleineren Formen machte sich um die Hebung der kirchlichen Musik Albert
Becker verdient. Bedeutenderes gab Herzogenberg ("Totenfeier", Passion,
Messe, Requiem). Seiner feinnervigen Natur fehlte wohl der Zug zum Grossen,
nicht aber die Fähigkeit, sich zu versenken, und seine am Studium Seb. Bachs
gereifte kontrapunktische Kunst war eine beträchtliche. In Italien gelangte
1897 der noch jugendliche Lorenzo Perosi zu Ansehen; seine Markus-
passion und seine "Auferweckung des Lazarus" haben sich jedoch als recht
stilllose und in der Erfindung dürftige Werke erwiesen. Dagegen hat der
greise Verdi auch auf diesem Gebiete in den vier Pezzi sacri (1899) ein Werk
von bleibendem Werte hinterlassen.

Das geistliche (biblische) Oratorium ist vorzugsweise von Anton Rubinstein angebaut worden. Es war ein Lieblingstraum Rubinsteins, das Oratorium als Bühnenhandlung wieder aufleben zu lassen. "Sulamith" (1883),
"Das verlorene Paradies" (1887) und "Moses" (1894) haben dem Plan des
Meisters bisher wenig Freunde geworben; sie sind wie alle Rubinsteinsche

Musik ungleich und enthalten neben wirklichen Schönheiten manches nur äusserlich Gemachte. Von Rheinberger sind einige bisher kaum nach Gebühr geschätzte Werke zu nennen ("Christophorus", "Stern von Bethlehem"), und, soweit sich nach Bruchstücken urteilen lässt, wird auch das noch unvollendete dreiteilige Oratorium "Christus" von Draeseke einen ehrenvollen Platz behaupten. August Klughardt hat den bewährten Stil Mendelssohns, stark modernisiert, in der "Zerstörung Jerusalems" (1899) wieder zur Geltung gebracht, Hegar hat ihm in dem Chorwerk "Manasse" eine persönliche Note hinzugefügt. Als ein interessanter Versuch, Bachsche Polyphonie mit dem Orchestersatze Liszts zu verbinden, stellt sich das "Weihnachtsmysterium" (1900) Philipp Wolfrums dar. Von ausländischen Komponisten hatte nur der Belgier Edgard Tinel mit dem Oratorium "Franziskus" (1897) einen internationalen Erfolg. Gounod vermochte weder in der "Rédemption" (1883) noch in "Mors et vita" (1885) das Opernhafte seines Stiles ganz zu verleugnen, wie denn die Verzücktheit der letzten Periode wohl mehr seinem Hang zu mystischer Schwärmerei als wahrer Kirchlichkeit entsprungen ist. Cowens Oratorium "Ruth" wurde zwar (1897) auch in Deutschland aufgeführt, besitzt aber für die Fortbildung der Gattung keinerlei Bedeutung.

Als Schöpfer weltlicher Oratorien nimmt die erste Stelle noch immer Max Bruch ein, der einmal im "Moses" (1894) auch einen biblischen Stoff behandelt hat. "Achilleus" (1885), "Das Feuerkreuz" (1887), "Gustav Adolf" (1898) sind, ohne auf der Höhe des "Fritjof" oder "Odysseus" zu stehen, die Werke eines Meisters, denen wir nichts Ähnliches an die Seite zu setzen haben. Weder Georg Vierling ("Alarichs Tod", "Constantin") noch in Frankreich der weichliche und rückständige Gouvy ("Iphigenie", "Oedipus", "Polyxena") haben ihn annähernd zu erreichen vermocht. Das Wichtigste indessen, das zugleich einen Fortschritt bedeutete, ist in den letzten Jahrzehnten auf dem Gebiet der Kantate geschaffen worden. Brahms schloss mit seinem op. 89, dem "Gesang der Parzen", die Reihe seiner grossen Chorund Orchesterwerke ab, die als Marksteine in der Entwicklung der modernen Konzertkantate den Weg bezeichnen. Sie haben vor allem dazu beigetragen, eine weitere Vertiefung und Verinnerlichung der musikalischen Diktion zu verbreiten, und nur gelegentlich noch schlugen Rheinberger u. A. den harmloseren Ton einer überwundenen Epoche an. Im Gefolge des Meisters erscheinen ältere und jüngere Musiker, was Können und Selbständigkeit anbelangt, recht verschieden untereinander. In grösserem Umfange bekannt wurden die Werke Gernsheims (Hafis, Nornenlied, Grab am Busento, Agrippina u. s. w.), Herzogenbergs ("Weihe der Nacht", Nannas Klage"), die Männerchöre Hegars ("Totenvolk", "Schlafwandel", "Rudolf von Werdenberg"), Humperdincks "Glück von Edenhall" und "Wallfahrt nach Kevlaar", denen Wilh. Bergers "Euphorion", "Meine Göttin", Hugo Wolfs "Feuerreiter", Hans Koesslers "Sylvesterglocken", d'Alberts "Der Mensch und das Leben",

Stenhammars „Snöfrid" u. A. anzureihen sind. In Frankreich behielt die
Kantate den etwas steifen, gleichsam offiziellen Charakter, den sie selbst bei
Saint-Saëns (Hymne à Victor Hugo) nicht verliert.

Obgleich die moderne Produktion ihrem ganzen Wesen nach sich von
dem Virtuosenhaften, dem Konzertmässigen im alten Sinne entschieden fern-
zuhalten sucht, ist die Form des Solokonzertes keineswegs ausser Kurs gesetzt. Das Vorbild von Brahms hatte gezeigt, was eine mehr symphonische
Auffassung aus ihr Neues gewinnen kann; auf der anderen Seite hatte Liszt
namentlich auf das Ausland anregend gewirkt. Die nationalen Unterschiede,
die hier nicht ins Gewicht fallen, können wir bei einer Aufstellung der erfolg-
reichsten Werke beiseite lassen. Es schrieben für Klavier mit Orchester:
Dvořák, Sinding, B. Scholz, Sgumbati, d'Albert (I. und II. Konzert,
auch eine Suite für Klavier allein op. 1), Grieg (op. 16 Am.), Saint-Saëns
(Rhapsodie d'Auvergne, V. Konzert in F), Martucci, Dräseke, Rimsky-
Korsakow, Rubinstein (Konzertstück op. 113), Tschaikowsky (I. Konzert in Bm), Stenhammar (Cm.) und Moszkowski (Edur); für Violine
mit Orchester: Dvořák, Lalo (II. Konzert: „Symphonie espagnole"), Rich.
Strauss, Sarasate (Jota aragonesa), Saint-Saëns (Hm, Havanaise), Godard
(II. Konzert), Bruch (III. Konzert), Tschaikowsky, Sinding und Joachim
(Gdur, 1890); für Cello mit Orchester: Klengel, Klughardt, Fritz Kauff-
mann, d'Albert, Dvořák. Richard Strauss komponierte ein interessantes
Konzert für Horn. In der Orgellitteratur ist Rheinberger mit Auszeichnung
zu nennen, von den Franzosen Widor und Guilmant. Man sieht: vor-
wiegend ist das Ausland vertreten. Die meisten dieser Werke tragen ein
ernstes Gepräge, keines aber in dem Masse wie das Doppelkonzert für Violine
und Cello op. 102 von Brahms, das im Jahre 1888 herauskam.

Innerhalb der Kammermusik ist es wiederum Brahms, der während des
fraglichen Zeitraumes eine einsam ragende Stellung behauptete. Den Arbeiten
in dieser Gattung war recht eigentlich sein Lebensabend gewidmet. Es entstanden zwischen 1887 und 1897 die zweite und dritte Violinsonate, die
Klaviertrios op. 87 und op. 101, die beiden Streichquintette, die beiden
Sonaten, das Trio und das Quintett mit Klarinette. Gegen die früheren Werke
der gleichen Gattung gehalten, zeichnen sich diese Kompositionen durch ein
milderes, abgeklärtes Wesen, durch eine noch gesteigerte Intimität der Stimmung aus. Charakteristisch für den letzten Brahms ist die Vorliebe, mit der
er ein Blasinstrument in die stereotype Vereinigung der Streicher und des
Klaviers hineinzieht. Dieses Zurückgreifen auf ältere Gepflogenheiten soll, wie
es scheint, von jüngeren Tonsetzern nicht unbeachtet bleiben. Die Pflege der
Kammermusik hat in unserer Zeit eine erfreuliche Ausbreitung erfahren; es
ist schwer eine genaue Grenze des Nennenswerten zu ziehen, so weit erstreckt
sich der Kreis talentvoller Tonsetzer, die ihr obliegen. Mit diesem Vorbehalt
darf man die Arbeiten eines Dvořák, Gernsheim, Herzogenberg, Klug-

hardt, Smetana, Grieg, Sinding, d'Albert und Richard Strauss besonders hervorheben. Von Bruckner liegt das Quintett in F mit seinem herrlichen Adagio vor. Neurdings haben sich auch Hans Kössler (ein Streichsextett) und Wilhelm Berger mit Glück auf diesem Gebiete versucht; Wertvolles steuerten aus Italien Sgambati, aus Frankreich Saint-Saëns (Septett mit Trompete), aus Russland Glazounow, Borodine und S. Tanéïew bei. Was an Bedeutendem fürs Klavier geschaffen wurde, fand fast durchweg in diese Kammermusikwerke Aufnahme, oder in die grösseren Formen des Konzertes. Die selbständige Klaviermusik, so reichhaltig sie auch gepflegt wird, hat nichts formell oder inhaltlich wesentlich Neues aufzuweisen; im besonderen ist es auffällig, wie die schon lang vernachlässigte Klaviersonate allmählich ganz verschwindet.

Um so üppiger gedeiht dafür in dieser Periode das einstimmige Lied. Hier berühren wir zum Schluss auch wieder ein Gebiet, auf dem sich der Einfluss des neudeutschen Dramas nachweisen lässt. Wie befruchtend er auf die phantasievollen Gebilde eines Richard Strauss und Hugo Wolf gewirkt hat, braucht heute nicht mehr gesagt zu werden; diese Gesänge gehören bereits mit zu den Lieblingen des Publikums. Welchen Nachteil er andererseits dort stiften kann, wo der dramatische „Sprechgesang" in rigorosser Weise auf das Lied übertragen werden soll, zeigen die schemenhaften, bis zur Reizlosigkeit enthaltsamen Vertonungen modernster Lyrik, wie sie beispielsweise Conrad Ansorge bietet. In Verfolg dieser Richtung ist schliesslich Theodor Gerlach dahin gekommen, das Wichtigste des Liedes, die Worte selbst, der Musik endgiltig zu entziehen und sie zur Begleitung des Klavieres sprechen zu lassen. Zum Glück haben wir es hier mit Ausnahmeerscheinungen zu thun. Die Mehrzahl der Liederkomponisten steht noch auf dem Standpunkt Schumann-Jensens, der allerdings mehr und mehr von dem Geiste der Französchen und Brahmsschen Lyrik (Deutsche Volkslieder, Vier ernste Gesänge) modifiziert wird. In ausserdeutschen Ländern hat das Lied bis jetzt noch nicht die Machtstellung im musikalischen Leben erlangt, die es bei uns behauptet; doch auch darin scheint ein Wandel sich vorzubereiten.

Unser Rundgang durch die wichtigsten Gebiete musikalischen Schaffens wäre damit beendet, und es fragt sich nun, zu welchen Bemerkungen allgemeinerer Natur eine solche Übersicht der bedeutendsten Werke, in der zugleich ihre Bewertung durch die Zeitgenossen sich spiegelt, Anlass giebt. Ohne zu künstlich konstruierten Folgerungen seine Zuflucht zu nehmen, kann man zunächst feststellen, dass die Wagnerbewegung — von dieser gingen wir ja aus — gewissermassen zum Halten gebracht ist. Sie arbeitet jetzt mehr in die Tiefe: das Verständnis von des Meisters Werken wird allmählich geklärter, inniger; aber nicht mehr wird die Beugung der Gesamtkunst unter die eine Anschauungsweise als das alleinige Heil erstrebt. Zweige, die ihre eigenen Entwicklungsbedingungen in sich tragen, blühten wieder freier auf, universelleren Zielen, als man es eine Zeit lang hoffen durfte, strebt die moderne Tonkunst zu und kann gerade darum auch ihrer Dankespflicht gegen den grossen Reformator sich recht bewusst werden. Zweierlei Erfahrungen haben dabei klärend und fördernd gewirkt. Die einheimische Produktion führte zu der Erkenntnis, dass eine „Schule" Wagners keine gedeihliche Entwicklung verheisst; vom Ausland wiederum kamen allerhand befruchtende Anregungen, unter denen der kräftige Vorstoss der italienischen Operisten die nachhaltigste war. Es galt, den köstlichen Reichtum der künstlerischen Ideale sich zu erhalten; und die bunte Vielgestaltigkeit des heutigen Musizierens, die Mischungen, die hüben und drüben stattfanden, zeigen, dass wir uns auf gutem Wege befinden. Im Publikum war der Spannung der Gemüter, die ein überhitzter Enthusiasmus zuwege gebracht hatte, eine merkliche Erschlaffung gefolgt. So erklärt sich der Erfolg der Kleinkunst, die unverkennbare Neigung unserer Zeit, die leichte Kost der Spezialitätenbühne zu bevorzugen, oder doch einen Kompromiss zwischen diesen Freuden und dem Genuss hehrer Kunstwerke zu schliessen.

Auch sonst noch lassen sich aus dem hier skizzierten Entwicklungsbilde Folgerungen ziehen, die in mancher Hinsicht nicht uninteressant sind. Auffällig ist das ein Jahrzehnt anhaltende Überwiegen symphonischer Werke zu einer Zeit, in der das glänzendste Beispiel von der Bühne herab leuchtete. In der Kunst ist eben das Können entscheidend, nicht der Wille! Und als dann das Theater wieder stärkere Teilnahme herausfordert, da sind es nicht die Landsleute Wagners, sondern Italiener, die ein gewichtiges Wort zu reden haben. Dieses Vordringen fremder Elemente hat sich im letzten Jahrzehnt noch wesentlich gesteigert; ausser Franzosen und Italienern kamen Skandinavier, Tschechen und namentlich Russen und machten der deutschen Musik den Vorrang streitig.

Dergleichen Betrachtungen mag wohl der schaffende Künstler gern einmal für sich anstellen, denn sie können, wenn auch nur indirekt, dazu beitragen, ihm auf seinem Wege die Richtung zu weisen. Für den Historiker sind sie noch kein reifes, von dem Boden des Subjektivismus völlig losgelöstes Material; den Blick in die Zukunft vollends vermögen sie nicht zu erhellen. Nur den Glauben an eine stetige Entwicklung, den uns die Geschichte ohnehin lehrt, sind sie geeignet, noch mehr zu befestigen. Auch die jüngste Vergangenheit und die musikalischen Zustände der Gegenwart geben uns, trotz aller Befürchtungen, die mitunter laut werden, eine frohe Gewissheit, wenn wir auch die vor uns liegenden Ziele nicht klar erkennen noch immer wissen können, wohinaus das Streben des Augenblicks führen wird.

Die Musik
im Lichte der Darwinschen Theorie.

Von

Oswald Koller.

Wer aufmerksamen Blickes die gegenwärtige Litteratur der Musik überschaut, der wird erstaunen nicht nur über die grosse Menge einzelner Werke, die auf dem Gebiete dieser Kunst bisher geschaffen worden sind, sondern mehr noch vielleicht über die Mannigfaltigkeit der Formen, die sie hervorgebracht, über die Fülle des Inhaltes, den Reichtum des Ausdruckes, die in ihren Schöpfungen niedergelegt sind. Wer aber die geschichtliche Entwicklung der Musik verfolgt, der beobachtet, dass sich der jetzige Zustand aus einer kleinen Zahl einfacher Formen entwickelt hat und dass diese Entwicklung nicht sprunghaft und unbegreiflich geschehen ist, sondern stetig und gesetzmässig erfolgt zu sein scheint. Ist aber die Musik im besondern, wie die Kunst im allgemeinen, keine auf übernatürlichen, der Kontrolle des menschlichen Geistes entzogenen Vorgängen beruhende Sache, sondern ein aus einer natürlichen Entwicklung hervorgegangenes und deshalb nach den allgemeinen Gesetzen derselben beurteilbares Produkt, so müssen sich die Gesetze, welche die beobachtende Wissenschaft für die allgemeine gesetzmässige Entwicklung der Organismen bisher aufgestellt hat, auch auf die Musik anwenden lassen.

Die in der zweiten Hälfte des neunzehnten Jahrhunderts so rasch sich entwickelnde Naturwissenschaft hat eine Entwicklungstheorie geschaffen, die, zuerst von Charles Darwin aufgestellt, dann namentlich von deutschen Naturforschern erweitert und ergänzt, gegenwärtig wohl allgemein als richtig anerkannt wird. Und in der That, wenn der Prüfstein der Richtigkeit einer Theorie darin gesucht wird, ob alle in Betracht kommenden Fragen durch dieselbe eine befriedigende Lösung finden, so ist wohl kaum eine andere als die Darwinsche Selektionstheorie besser geeignet, die Räthsel, die sich bisher der Beantwortung der Frage nach der Ursache der Verschiedenheiten der Organismen und nach dem Ursprunge und der Entstehung derselben aufgeworfen haben, in ausreichender Weise zu beantworten. Und da in andern Wissenschaften, in der Jurisprudenz, in den sozialen Wissenschaften, in der Psychologie u. s. w. die Anwendung der Darwinschen Theorie bereits zu glücklichen Ergebnissen geführt hat, so mag es gestattet sein die Frage aufzuwerfen, ob nicht auch die Entstehung und Entwicklung der musikalischen Formen vom Standpunkte dieser Lehre erfolgreich beantwortet werden könne. Das Wesen der Selektionslehre besteht darin, dass die gegenwärtig lebenden Arten von Organismen nichts Unveränderliches sind, sondern dass sie sich aus minder vollkommenen, einfacheren nach den Gesetzen der Vererbung, der Variabilität infolge direkter und indirekter Veränderung der Lebensbedingungen, endlich infolge der durch den Kampf ums Dasein hervorgerufenen natürlichen Zuchtwahl derart herausgebildet haben, dass die minder konkurrenzfähigen Arten erlöschen und die besser ausgerüsteten durch fortwährende Neuerwerbung und Vererbung von Eigenschaften, die ihnen im Kampfe ums Dasein zu statten kommen, eine immer grössere Zweckmässigkeit erlangen.

Freilich, da die organische Natur und das Gebiet der Kunst sich — zwar nicht in den formbildenden Gesetzen — aber doch in dem durch diese geformten Stoff bedeutend unterscheiden, so ist darauf bei der Anwendung der Gesetze des organischen Lebens auf das geistige Gebiet entsprechend Rücksicht zu nehmen. Es ist vielleicht nicht überflüssig darauf hinzuweisen, dass der Kunsthistoriker dem Naturhistoriker gegenüber in mancher Beziehung im Vorteil zu sein scheint. Ihm steht erstlich ein viel lückenloseres Material zu Gebote als diesem; denn während die geologischen Urkunden unvollständig sind — der Paläontologe kennt weder alle Formen, die jemals existiert haben, so dass ihm die für den Ausbau der Theorie notwendigen Zwischenglieder fehlen; noch ist das verhältnismässig Wenige, was in Museen konserviert ist, vollständig erhalten — sind die historischen Urkunden unserer Kunst, aus denen wir den allmählichen Fortschritt und die stete Entwicklung derselben abnehmen können, — wenn wir von der Musik der Antike absehen wollen — so vollständig erhalten, dass kein wesentliches Denkmal, welches für die Frage der Artenentwicklung in Betracht kommen könnte, fehlt. Der Naturhistoriker ist auch des weiteren insofern im Nachteil, als die Veränderungen der Arten der Organismen ungemein langsam geschehen; auf geistigem Gebiete geht dank der Freiheit und Beweglichkeit des menschlichen Geistes dieser Umwandlungsprozess viel rascher vor sich. Die ganze Entwicklung unserer europäisch-abendländischen Musik umfasst einen Zeitraum von kaum zwei Jahrtausenden, ja, wenige Jahrzehnte genügen, um in der Musik Umwandlungen fundamentaler Art zu bewirken. Wie sehr hat sich die Symphonie seit Haydn, die Oper seit Mozart geändert. Dadurch wird die Übersicht des Zusammenhanges wesentlich erleichtert. Zweifelhaft dürfte es sein, ob der Umstand, dass den zahllosen Arten von Organismen, die dem Naturforscher Material zu seinen Studien bieten, in der Musik nur wenige von einander typisch verschiedene Spezies — wir nennen sie gewöhnlich „Formen": Sonate, Lied, Tanz, Oper u. dgl. entgegenstehen, als Hindernis, oder nicht vielmehr auch als ein die Übersicht erleichterndes und rascher zu allgemeingiltigen

Gesetzen hinführendes Moment zu betrachten ist. Entschieden im Vorteile gegen den Kunsthistoriker ist jedoch der Naturhistoriker insofern, als es jenem unmöglich ist, auf dem Wege des Experimentes, hier also durch die „künstliche Zuchtwahl" die Richtigkeit seiner Hypothesen zu kontrollieren.

Ein wesentlicher Unterschied zwischen den natürlichen und den durch die Kunst hervorgebrachten Organismen scheint in der Art und Weise der Generation zu liegen. Während nämlich auf natürlichem Gebiete der Nachkomme zweier derselben Art angehörigen Individuen selbst wieder ein zu derselben Art gehöriges, seinen Eltern gleichartiges Wesen ist, scheint dies auf dem Gebiete der Kunst nicht der Fall zu sein. Aber auch das in die Wirklichkeit tretende Kunstwerk bedarf zweier Urheber. Das empfangende, gestaltende, bildende Element ist der Künstler selbst, oder vielmehr die in ihm schlummernden musikalischen Fähigkeiten; das erzeugende, befruchtende, anregende Element sind die Musikprodukte seiner Vorgänger und Zeitgenossen, die allgemeinen, lokalen und historischen Verhältnisse, der gegenwärtige Stand der Kunst sowohl nach ihrer technischen Vollendung, als auch nach ihrem geistigen Gehalt und Inhalt, kurz alle ausser der Seele des Künstlers gelegenen Momente. Ohne diese beiden Faktoren entsteht kein Kunstwerk. Die Zeitumstände allein können keines schaffen, denn es muss sich in der Person eines Künstlers verkörpern. Aber auch der Künstler vermag nichts ohne den Anstoss von aussen. Es mag vorkommen, dass Künstler von stark ausgeprägter Individualität alles sich selbst, nichts der Umgebung verdanken zu müssen glauben, dass sie den bestimmenden Einfluss der äussern Umstände unterschätzen. Aber ist es denkbar, ist es jemals vorgekommen, dass jemand, der nie einen Bleistift, einen Pinsel in der Hand gehabt, nie ein Kunstwerk gesehen hat, von selbst ein Gemälde verfertigt, einer der nie mit der Musik weder theoretisch noch praktisch sich beschäftigt, eine Komposition zuwege gebracht hätte? Bei ausserordentlichen Genies drängt wohl der innere Schaffenstrieb zur Gestaltung; so zeichnet der Hirtenknabe Cimabue die Umrisse seiner Schafe und Rinder mit Kohle an den Felsen; so sucht sich der vierjährige Mozart Melodien auf dem Klavier zusammen. Aber weiterhin bedarf es der Schulung d. h. der Aufnahme und Verarbeitung der äusseren Umstände, damit sich der Schaffenstrieb zur Schaffensfähigkeit, die Schaffensfähigkeit zum wirklichen Schaffen steigere. Bei niemand anderem sind wir besser unterrichtet als bei Goethe, wie jede künstlerische Hervorbringung in einem äusseren Ereignisse ihre Anregung und Veranlassung hatte. Und selbst in der innerlichsten und subjektivsten Kunst, der Musik, zeigen Überschriften und Programme, dass äussere materielle Veranlassungen, zeigt das Bestreben, durch „Nachempfinden" sich den Inhalt eines Tonstückes verständlich und vertraut zu machen, dass andere, ausserhalb der künstlerischen Phantasie liegende, wenn auch innerliche Thatsachen die Veranlassung zur Entstehung eines Kunstwerkes gewesen sind. Ohne die Voraussetzung einer Anregung und Beeinflussung von aussen wäre auch der Begriff „Stil“ unmöglich. Dann hätte es irgendwo und irgendwann vorkommen müssen, dass ein griechischer Künstler im gotischen Stil, ein Gotiker im Rokokostile gebaut, ein niederländischer Messenkomponist eine Oper, ein französischer Troubadour eine Symphonie komponiert hätte. Das ist aber nicht möglich; eben weil der Künstler nur im Sinne und Geiste seiner Zeit, d. h. unter dem Einflusse der ihn umgebenden Umstände schaffen kann.

So ist das Kunstwerk das Produkt zweier Faktoren. Wie der natürliche Organismus ein Abbild seiner Eltern, beiden ähnlich aber doch nicht gleich ist, weil sich Eigenschaften beider Eltern auf denselben vererben, so trägt auch das Kunstwerk sowohl die allgemeinen Züge seiner Zeit an sich — es hat Stil — als auch die besonderen subjektiven Züge seines Schöpfers — es hat Individualität. Wie alle Kinder eines Vaters sich mehr oder weniger gleichen, so tragen auch alle unter denselben gleichartigen Verhältnissen entstandenen Kunstwerke ein einheitliches gemeinsames Gepräge; wie aber alle Kinder auch ihrer Mutter ähnlich sind, so tragen auch alle von einem und demselben Künstler geschaffenen Werke gewisse verwandtschaftliche Züge an sich. Das Mass der Individualität ist allerdings verschieden. In manchen Zeiten ist die hinzu- und hervortretende Eigenart des Künstlers so gering, dass alle Werke dieser Epoche einen einheitlichen Gesamtcharakter an sich tragen und einzelne Künstlereigenheiten sich nur schwer oder gar nicht werden unterscheiden lassen. Solchen Charakter trägt z. B. das XV. Jahrhundert an sich. Gesetzt, man hätte ein anonymes Stück aus jener Zeit vor sich, so ist es, bis jetzt wenigstens, schwer oder gar nicht möglich zu sagen, ob das Werk Dunstable, Dufay, Binchois oder einem anderen Meister des Quattrocento angehöre; während es andererseits keine Schwierigkeiten bereiten dürfte, ein Werk Beethovens, Mozarts, Schuberts oder Webers charakteristisch zu bestimmen (obwohl seinerzeit der Streit um die Echtheit der Lukaspassion bewiesen hat, wie schwer es sogar bei Meistern wie Bach ist, die subjektive Eigenart genau zu erfassen und zu unterscheiden). Höchste Aufgabe der Kunstgeschichte bleibt es, den Anteil, den die vorhandenen Werke ihrer Zeit auf das künstlerische Schaffen eines Künstlers geübt haben, und den persönlichen Anteil des Meisters von einander zu sondern, wie dies z. B. Jahn bei Mozart, Spitta bei Bach in so ausgezeichneter Weise gethan haben.

Ist nun ein Kunstwerk als gemeinsames Ergebnis zweier schaffender Kräfte, mit beiden Urhebern verwandt und beiden ähnlich, so ist es klar, dass man den Begriff der Erblichkeit im übertragenen Sinne auch auf die Werke der Kunst anwenden kann. Während jedoch in der organischen Natur sich die Eigenschaften der Eltern direkt auf die gleichgearteten Nachkommen vererben, vollzieht sich diese Übertragung auf geistigem Gebiete in etwas anderer Weise. Indem das Kunstwerk aus der Idee des Künstlers in die

Erscheinung tritt, tritt es zugleich auch schon in die Reihe der äussern Umstände über. Als solches vermehrt es einerseits nicht nur die Summe der Bedingungen, welche auf das künftige Schaffen anderer Meister Einfluss ausüben; es vermehrt auch andererseits die im Künstler selbst liegenden individuellen Eigentümlichkeiten, die dann wieder auch seine weitern Werke beeinflussen. So hat Willaert, indem er seine ersten Madrigale schuf, nicht nur den Anstoss zu weiteren Kompositionen dieser Art gegeben, sondern auch selbst diese Gattung weiter gepflegt. So ist Richard Wagner, indem er als der erste zielbewusst die deutschen Sagenstoffe zu Stoffen seiner Werke wählte, nicht nur das Vorbild anderer Komponisten geworden, die die Stoffe zu ihren Musikdramen der nationalen Heldensage entnommen haben, sondern ist auch selbst bis zu den letzten Konsequenzen, bis zu der Vertonung der deutschen Göttersage vorgeschritten. So wirkt jedes neue Werk befruchtend nicht nur auf die Zeitgenossen und Nachkommen, sondern auch auf seinen Schöpfer selbst.

Die Selektionstheorie kennt zwei Arten der Erblichkeit; die konservative und die progressive. Kraft der ersteren vererbt ein Organismus auf seine Nachkommen die selbst ererbten, kraft der letzteren die selbständig erworbenen Eigenschaften. Kraft der ersteren sind die Nachkommen den Eltern ähnlich, kraft der letzteren unterscheiden sie sich von ihnen. Auf das Gebiet der Kunst angewendet, bedeutet die konservative Erblichkeit, dass jedes Kunstwerk die Form seiner Zeit widerspiegelt, dass es sich im grossen und ganzen der Stilrichtung seiner Zeit nicht widersetzen kann. Die progressive Erblichkeit bedeutet, dass jeder Künstler aus seiner Individualität heraus zu der überkommenen Ausdrucksweise, zu den ererbten Formen etwas Neues, ihm Eigentümliches hinzufügt, dass er den von ihm geschaffenen Organismus bereichert, ihn vollkommener, ausdrucksfähiger gestaltet und dass diese vervollkommnete Form ihren Einfluss auf die Kunstschöpfungen der folgenden Zeit ausübt. Daher wird überall dort, wo der Subjektivität des Künstlers grösserer Spielraum gelassen ist, also wohl zumeist in der Instrumentalmusik als derjenigen Gattung der Musik, die am meisten geeignet ist, das Empfinden und Fühlen des Künstlers am fessellosesten auszusprechen, dann auch im Lied und in der Oper, die Variation immer eine stärkere und raschere sein als z. B. im Oratorium; in jenen Arten aber, wo der Einfluss der Tradition ein überwiegender, der persönliche Einschlag ein geringerer ist, wird auch die Veränderung der Schreibweise eine minimale, die Konstanz des Stiles eine sehr grosse sein. Das zeigt sich beim gregorianischen Gesang und beim Volkslied. Bei beiden Formen ist der individuelle Einfluss ein kaum merkbarer. Die Kirche hat, nachdem einmal die Liturgie festgestellt war, eifersüchtig darüber gewacht, dass keine Veränderung an den einmal sanktionierten Melodieen vorgenommen werde und hat höchstens Revisionen, wie z. B. die von Palestrina und Guidetti im Auftrag Papst Gregors XIII. vorgenommene, gestattet, neue Melodieen aber nicht mehr aufgenommen. Sie sieht sogar einen Hauptvorzug (fromme Seelen sogar einen Beweis der unmittelbaren göttlichen Eingebung) darin, dass, wie z. B. die Benediktiner von Solesmes im zweiten Bande der Paléographie musicale an dem Graduale „Justus ut palma" nachzuweisen versucht haben, die liturgischen Melodieen seit mehr als einem Jahrtausend sich unverändert erhalten haben. So ragt diese Kunstform, wie in der organischen Natur altertümliche, anderswo sonst ausgestorbene Tier- und Pflanzenarten, in unsere Zeit herein. Auch bei dem Volkslied ist die persönliche, individuelle Bedeutung des Dichters und Komponisten sehr gering. Wohl ist jeder Text und jede Melodie einmal von einem Einzelnen erfunden worden. Aber indem er dies that, äusserte er nicht seine eigene persönliche Empfindung, sondern war nur der Sprecher der Gemeinsamkeit. Nicht was er allein und wie er es allein empfand, sprach er aus, sondern das, was alle seine Volksgenossen und so wie sie es empfanden. Und wenn dann das Lied unter die Leute kommt und, durch mündliche Tradition sich fortpflanzend, durch die Masse des Volkes selbst Änderungen und Verbesserungen erfährt, so tritt die Persönlichkeit des ursprünglichen Dichters so sehr in den Hintergrund, dass selbst sein Name vergessen wird, und dass das Volkslied thatsächlich mehr als Produkt der schöpferischen Thätigkeit des ganzen Volkes denn als Produkt eines Einzelnen anzusehen ist. Freilich ist dabei nicht ausser Acht zu lassen, dass das Volkslied, das ja auch der Ergänzung und Erneuerung bedarf, in Zeiten, da der Quell der volkstümlichen Erfindung nicht mehr stark genug fliesst, genötigt ist, seine Zuflucht sowohl zu neueren Kunstprodukten (der „Jungfernkranz", die „Lorelei") als auch leider in neuerer Zeit zu schlechtem Bänkelgesang und seichten Operettenmelodieen zu nehmen.

Die Vererbung ist nicht immer eine unmittelbare. Oft treten die Eigenschaften der Eltern erst in einer späteren Generation auf — auch unsere hausbackene Familienweisheit spricht davon, dass bei den Kindern oft mehr die Eigenschaften der Grosseltern als die der Eltern in äusserem Aussehen, Charakter, vererbten Krankheitsanlagen u. dgl. zu Tage treten. Eine solche latente Erblichkeit wird sich in der Musik schwer konstatieren lassen; weil wir nämlich kein Mittel an der Hand haben, die Reihenfolge der unmittelbar auf einander folgenden Generationsakte in der Kunst zu konstatieren. Indes scheinen solche sprunghaft unterbrochene Vererbungen auch in der Musik statt zu haben. So wendet z. B. Beethoven im Finale der Eroica die Variationenform an, in den folgenden Symphonieen nicht mehr; in der neunten aber kehrt die Variationenform wieder. Diese sprunghafte Vererbung gewinnt den Charakter des Anormalen in der organischen Natur dann, wenn nach einer sehr langen Reihe von Generationen bei einem Individuum Eigenschaften wieder auftreten, die bei seinen Voreltern bereits erloschen waren. Die Naturwissenschaft nennt dies Atavismus. Solche Rückschläge treten immer dann auf, wenn die neu erworbenen Eigenschaften nicht durch längere Züchtung befestigt worden sind, und wenn in späteren Generationen die Be-

dingungen, welche für die Varietätenbildung massgebend waren, in Wegfall
kommen. So kehrt Mendelssohn im „Elias" und „Paulus", als die Ge-
staltungsfähigkeit des freien Stils für das Oratorium in den beiden Haydnschen sich erschöpft zu haben schien, zu der Form des Händel'schen und
Bach'schen Oratoriums zurück; so sind die Bestrebungen der Cäcilianer nichts
als atavistische Rückschläge.

Kreuzen sich zwei verschiedene Arten von Organismen, so nennt man
ihre Nachkommen, die die Eigenschaften beider Eltern an sich tragen,
Bastarde. Auch die Musik kennt solche Mischformen: Mischungen von
Instrumental- und Vokalmusik (Mendelssohn, „Lobgesang", Beethoven, Chor-
phantasie und Neunte), Mischungen von Oper und Oratorium (Liszt „Heilige
Elisabeth"), Melodramen u. dgl. Entgegen der organischen Natur begünstigt
die moderne Musik solche hybride Bildungen; ja die Zerstörung der altüber-
kommenen Formen, die Verschmelzung der Artunterschiede scheint sogar zu
ihren wesentlichen Merkmalen zu gehören.

Auf einer Art der erhaltenden Vererbung, und zwar auf der Verein-
fachung und Abkürzung derselben beruht das von Ernst Häckel formulierte
biogenetische Grundgesetz; dass nämlich das Individuum in seiner
individuellen Entwicklung (Ontogenie) die Entwicklungsstufen, welche seine
Ahnen durchgemacht haben (Phylogenie) wiederhole. „Die Geschichte des
Individuums ist die abgekürzte Stammesgeschichte." Dieses Gesetz, das für
die Aufstellung der natürlichen Stammbäume der Organismen von epochaler
Bedeutung ist, äussert sich in der Musik darin, dass der werdende Künstler
in seinem Studiengange den ganzen Verlauf der Musikgeschichte in abgekürzter
Weise wiederholt. Jeder rationelle Unterricht beginnt mit der Harmonielehre
(Stufe des XII. und XIII. Jahrhunderts), führt dann zum Kontrapunkt (Stufe
des XVI. Jahrhunderts) und zur Fuge (Stufe des XVII. und XVIII. Jahr-
hunderts), und erst wenn der Schüler die „strengen" Formen der früheren
Jahrhunderte beherrschen gelernt hat, wendet er sich den freieren Formen der
Gegenwart zu.

Das zweite wichtige Entwicklungsgesetz ist das der Variabilität. Die
Wirkungen desselben sind — wie auch in der organischen Natur — insofern
schwerer festzustellen, als es sich nicht immer konstatieren lässt, wie viel von
den eingetretenen Veränderungen den unmittelbaren Lebensbedingungen und
wie viel den durch den „Kampf ums Dasein" bedingten Umständen zuzuschreiben ist. Indes werden sich auch hier einige unzweifelhafte Fälle
anführen lassen. Veränderte Lebensbedingungen, namentlich Acclimati-
sationen in fremden Ländern, bewirken Strukturveränderungen. So ist die
niederländische Messe und Motette in Italien wesentlich umgeformt worden;
sie hat die Härten ihrer starren Kontrapunktik abgelegt und ist weicher, füg-
samer, melodischer geworden. Die Oper hat nach ihrer Acclimatisation in
Frankreich den dramatischen Ausdruck beibehalten, während die italienische

Oper unter Vernachlässigung desselben einseitig die süsse einschmeichelnde Melodie weiterbildete. Aber nicht nur Wanderungen nach fremden Ländern, Veränderungen der äusseren Verhältnisse überhaupt, vermögen sehr bedeutende Variationen zustande zu bringen. Der Einfluss der klassischen Studien und die Beschäftigung mit der Kunst und der Philosophie des Altertums veranlassten gegen Ende des XVI. Jahrhunderts jene grosse Reaktion gegen die polyphone Schreibart, aus der schliesslich der monodische Stil hervorging. Die finanziellen Erwägungen der Impresarios ebenso wie der mehr der realen Behandlung der Stoffe zugewendete Sinn der Venetianer bewirkten es sehr früh, dass aus der idealen Choroper der Florentiner sich die venetianische Solistenoper entwickelte. Der neue Musikstil hat schon von Schützens Zeiten an auf den alten Kirchenstil zersetzend eingewirkt: durch die Verlegung des Hauptgewichts des Ausdruckes in die Einzelstimmen, durch die feinere zartere Melodik, durch den Gebrauch der Disharmonieen. Der zufällige Umstand, dass die Markuskirche zwei Orgelgallerien besitzt, führte Willaert zur Zwei- und Mehrchörigkeit. Die führende Rolle, welche dem Gemeindegesang in der evangelischen Kirche zufiel, erhöhte nicht nur die Bedeutung und Verwendung der Orgel, sondern veranlasste auch das Emporrücken der melodieführenden Hauptstimme aus dem Tenor in die Oberstimme, somit eine vollständige Umwälzung auf dem Gebiete des mehrstimmigen Gesanges. So zahlreiche Beispiele liessen sich noch anführen, dass man behaupten kann, die Änderung der äusseren bestimmenden Umstände befördere noch mehr als die Acclimatisation in einem fremden Lande die Änderung der Struktur. Eine in der organischen Natur sehr wirksame Quelle der Variation ist der Gebrauch und Nichtgebrauch einzelner Organe. Durch den häufigen Gebrauch werden sie vervollkommnet, verstärkt, differenziert, durch den Nichtgebrauch werden sie rudimentär oder verschwinden. Einen Beleg hierzu gäbe die Beobachtung, wie durch seltenen Gebrauch auch innerhalb der kirchlichen Musik die phrygische und lydische Tonart bald ausser Übung gekommen sind und durch diesen Verlust der zwei am meisten charakteristischen Tonarten und unter Mitwirkung der musica ficta das Kirchentonsystem allmählich in unser modernes Dur und Moll übergeführt worden ist. Einen Beweis für die durch öfteren Gebrauch bewirkten Veränderungen liefern alle jene Kunstmittel, die durch ihre häufige Anwendung Kunstformen abwechslungsreich gestaltet haben: die Synkopen und Pausen, die Kanones und Fugenkünste der Niederländer, die Chromatik, der freie Eintritt der Dissonanz, der rezitativische Stil u. v. a. Indem die Künstler sich dieser neuen Mittel bedienten, schufen sie neue Formen, und je mehr die steigende Beliebtheit dahin drängte, eine immer grössere Zahl von einzelnen Individuen zu schaffen, desto mehr stieg das Bedürfnis, dieselben durch eine veränderte Anwendung, durch stets feinere Ausgestaltung der vorhandenen Mittel immer mannigfaltiger und interessanter zu gestalten. Daher kommt es, dass jene Kunstformen, welche eine grosse

Zahl äusserer Hilfsmittel bedürfen, auch stets eine grosse Zahl von Unterarten erzeugt haben, wie die Instrumentalmusik und die Oper, während bei Kunstformen, die dieser äusseren Hilfen entbehrten oder vermöge ihrer Natur nicht darauf angewiesen waren, nur wenige und wenig voneinander differierende Spezies sich gebildet haben (Madrigal, Lied u. dgl.). Äussere Veränderungen eines Organismus bedingen meist auch innere Veränderungen. Das ersieht man daraus, dass z. B. technische Vervollkommnungen von Instrumenten auch Änderungen in der Art der Kompositionen für diese Instrumente nach sich ziehen (die Fortschritte im Klavierbau beeinflussen auch die Klavierkompositionen) oder dass die Entwicklung der virtuosen Gesangskunst auch von Einfluss auf die Gestaltung der Oper im XVIII. Jahrhundert gewesen ist. Dies ist daneben auch ein Beispiel für Verkümmerungserscheinungen beim Schmarotzertum. Der „Gast" ist der Sängersolist, der „Wirt" der dramatische Ausdruck der Oper, welcher verkümmert. Endlich sind auch unvollkommene und rudimentäre Organe einer grossen Variabilität ausgesetzt. Denn je mehrerlei und je verschiedenerlei Funktionen irgend ein Organ zu dienen hat, desto mehr differenziert es sich für spezielle Aufgaben. Dahin wären die Anfänge der mittelalterlichen mehrstimmigen Kunstformen, die Rondelli, Konduktus u. s. w. zu rechnen, dahin auch die Anfänge der Klavier- und Orgelmusik, die Ricercar und Toccaten, die, ursprünglich noch vieldeutige Formen, immer mehr und mehr ihren besonderen Aufgaben gemäss auch in besondere Formen auseinandergetreten sind.

Erblichkeit und Variationsfähigkeit allein aber würden noch nicht genügen, die Notwendigkeit einer fortschreitenden Entwicklung der Arten zu erklären, wenn nicht noch ein Drittes dazu käme, der Kampf ums Dasein, wie es Darwin, oder das Überleben des Tüchtigsten, wie es Herbert Spencer genannt hat. Hervorgerufen wird er durch die ungeheure Überproduktion in der Natur, infolge deren es nicht möglich ist, dass alle Individuen sich am Leben erhalten, sondern dass die, die aus irgend einem Grunde für den Mitbewerb minder passend sind, zu Grunde gehen und den besser organisierten Platz machen müssen. Dass diese Sieger bleiben, hat seinen Grund darin, dass sie durch kleine Verschiedenheiten für den Kampf ums Dasein besser ausgerüstet sind und infolgedessen grössere Aussicht haben, die andern zu überleben und ihre Eigenschaften auf ihre Nachkommen fortzupflanzen. Indem aber diese sich in den späteren Generationen befestigen und steigern, entsteht eine aufsteigende Reihe von Varietäten, Formen und Arten. Ist die Veränderung noch so gering und mag sie aus was immer für Ursachen entstanden sein: wenn sie nur in irgend einer Weise für das Individuum von Vorteil ist, so wird sie ihm zum Siege über die anderen verhelfen und für die künftigen Geschlechter erhalten bleiben. Das ist das Prinzip der „natürlichen Zuchtwahl", die auch auf dem Gebiete der Musik sich thätig erweist. Wird von einem Komponisten eine auch nur kleine,

unbedeutend scheinende, vielleicht sogar unbewusste Änderung angebracht,
welche aber für die Fortentwicklung der Art von Nutzen ist, so wird sie bei
den nächsten Kompositionen in verstärktem Masse hervortreten, von andern
Künstlern aufgegriffen und verwendet werden und mit der Zeit sich zu einem
wesentlichen Merkmal der Gattung derart heranbilden, dass andere, mit dieser
Eigenschaft nicht behaftete Werke nicht mehr geschaffen werden, aus der
Reihe der lebenden Wesen verschwinden.   Ein Beispiel hierzu ist das Seiten-
thema der Sonatenform.   Es taucht zuerst vereinzelt bei Locatelli und Christian
Bach auf.   Der entwicklungsfähige Keim wird von Emanuel Bach, Haydn u. A.
fortgebildet und erreicht in der klassischen Sonate Mozarts und Beethovens
seine Vollendung, sodass es seither Sonaten ohne Seitensatz nicht mehr giebt.
Aber auch die nachklassische Zeit steht noch im Banne dieser Form; nur
dass in der modernen Musik mehrere Themengruppen in freiester Abwechs-
lung und Durcharbeitung verwendet werden (Liszt, Bruckner).   Ein anderes
Beispiel ist das Leitmotiv.   Vereinzelt kann man unbewusste Anklänge bis
in das XVII. Jahrhundert (Cesti, Pomo d'oro) verfolgen. Auch bei Beethoven
und Weber tragen die Wiederholungen besonders markanter Themen noch
immer den Charakter des Zufälligen an sich, bis erst durch Richard Wagner
eine konsequente und zielbewusste Anwendung dieses Merkmals durchgeführt
worden ist.   Es liessen sich noch viele Beispiele nennen — die Chromatik,
die Dissonanz — aus welchen hervorgeht, wie eine nützliche Neuerung immer
weiter sich entwickelt und dadurch die Entstehung erst neuer Varietäten,
dann neuer Arten hervorgerufen hat.   Nur darf sich nicht etwa ein
Komponist vornehmen, eine weltbewegende Neuerung mit Absicht hervorrufen
zu wollen; es darf auch nicht jede Neuerung sofort für eine die künftige
Gestaltung der Kunst von Grund aus beeinflussende Verbesserung erklärt
werden.   Ob sich eine Variation nützlich und fruchtbar erweist, kann erst
die Zukunft lehren.

Der Kampf ums Dasein bringt auch das unzweckmässig Organi-
sierte zum Absterben.   Wenn in der Musik die bisherigen Eigenschaften,
Arten und Ausdrucksweisen nicht mehr den neu auftretenden Bedürfnissen
entsprechen, dann siegt auch hier das Passendere, Zweckmässigere über das
Veraltete, Unzulängliche. So finden wir zur Zeit, da das Bedürfnis nach
einer genaueren Notenschrift die bisherige Neumenschrift als unzulänglich
erscheinen liess, verschiedene Versuche der Verbesserung: die Intervallzeichen
des Hermannus Contractus, die Dasia Hucbalds, die alle von der Guidonischen
Notation verdrängt wurden.   Und auch sonst zeigt die Geschichte der Notenschrift, die Umwandlung der rot-schwarzen Notation, den Untergang der alt-
italienischen Taktzeichen, das Verschwinden der Tabulaturen, u. s. w., wie
immer das den Bedürfnissen Entgegenkommende mangelhafte Gebilde aus
dem Felde geschlagen hat.   Nicht minder liefert die Geschichte der Instrumente einen Beweis.   Die Laute als Instrument der Hausmusik ist durch

das Klavier verdrängt worden. Von den unzähligen Geigen- und Blasinstrumenten, wie sie Virdung und Prätorius beschreiben, haben sich im Kampfe ums Dasein nur jene wenigen Arten zu behaupten gewusst, die wir heute noch verwenden. Allerdings aber hat wiederum das praktische Bedürfnis dahin geführt, dass die altererbten Formen durch Verbesserungen und Umänderungen (Ventilinstrumente, Saxophone u. s. w.) differenziert worden sind. Auch die Geschichte der musikalischen Formen liefert Beispiele zu diesem Kampf ums Dasein. Eine Menge früherer Formen sind so gut wie ausgestorben: die niederländischen Kanones, die Fuge, das Madrigal. Kurz überall zeigt es sich, dass das Alte seinen Platz dem besseren Neuen räumen muss.

Dieser Kampf um das Dasein wird aber von der Natur auch reguliert. In Fällen, wo durch allzurasche Vermehrung einer Gattung eine Überwucherung der anderen droht, wird durch eine Epidemie der Gleichgewichtszustand wieder hergestellt. Ein solcher Fall hat sich auch einmal in der Geschichte der Musik ereignet, als am Anfange des XVI. Jahrhunderts eine Überproduktion auf dem Gebiete des kontrapunktisch bearbeiteten Volksliedes eingetreten war. Damals, in der ersten Hälfte des XVI. Jahrhunderts von Oeglin bis Berg und Neuber, 1512 bis 1550, verging kaum ein Jahr, da nicht ein oder mehrere solche Sammelwerke die Presse verliessen. Von 1550 an aber ist dieser Zweig der musikalischen Litteratur plötzlich wie abgeschnitten. Die Natur hilft sich selbst, indem neue Gebilde, das Kirchenlied und die Instrumentalmusik eine Überwucherung verhindern und das mehrstimmige Lied selbst durch den Einfluss der italienischen Vilanellen und Kanzonen anderweitig umgestaltet wird.

Andererseits hat die Natur auch Schutzmittel, um die schwächer veranlagten Organismen vor dem gänzlichen Untergang zu bewahren, dadurch dass diese andere, widerstandsfähigere Arten nachahmen und dadurch mittelbar des Schutzes, den sich jene geschaffen, teilhaftig werden. Nachahmende Zuchtwahl oder Mimicry nennen das die Naturhistoriker, wenn Tiere die Farbe oder Gestalt der Pflanzen, auf denen sie leben, annehmen, um vor ihren Feinden bewahrt zu bleiben, wenn sie selbst die äussere Gestalt ihrer Feinde annehmen, um sich vor ihnen zu schützen. So hat im XIV. und XV. Jahrhundert die kirchliche Musik, die bisher nur Diskantus und Organum verwendet hatte, der Kontrapunktik der weltlichen Chanson Aufnahme gewährt, um dadurch in der Gunst der Komponisten sowohl als auch des Publikums zu verbleiben; so hat dieselbe kirchliche Kunst sich im XVII. Jahrhundert dem stilo rappresentativo anbequemt, um nicht in ihrer nun veralteten Form ganz auszusterben. Und noch ein anderes Mittel besitzt die Natur, um ihr Ziel, das Überleben der passendsten und tauglichsten Individuen zu fördern, die geschlechtliche Zuchtwahl. Im Kampfe um die Weibchen bleiben nicht nur die stärksten Männchen Sieger, sondern auch diejenigen, die durch besonderen Schmuck an Farbe, Gefieder, Gesang u. dgl. sich vor den andern Mitbewerbern auszeichnen. In der Musik dürfte hierzu als Parallele die Beobachtung aufzustellen sein, dass auch hier die Pracht der äussern Ausdrucksmittel, als Virtuosität, Glanz der Instrumentation, neue überraschende Effekte u. s. w. eine stete Steigerung erfährt. So lässt Fevin, „um das Schauerliche der Totenmesse auszudrücken, herb und hart das Fa fictum hereinschmettern" (Ambros), Mozart verwendet im Tuba mirum schon eine Posaune, Berlioz bedarf in seinem Requiem nicht weniger als vier an verschiedenen Stellen des Saales aufgestellter Chöre von Blechinstrumenten, um den nach seiner Empfindung notwendigen Effekt zu bewerkstelligen. Und ist es, so sehr wir auch darin eine Vergröberung der musikalischen Empfindungsfähigkeit des Publikums sehen müssen, nicht eine aus unzähligen Beispielen moderner Musik abgezogene Thatsache, dass einerseits solche Werke, welche in irgend einer Weise einen neuen Effekt anbringen, die Gunst des Publikums sich rasch erwerben und, solange sie wenigstens nicht übertrumpft sind, sich dieselbe erhalten, und dass andererseits manche Komponisten nach solchen äusserlichen Effekten oft geradezu haschen?

Denn, was das Leben für den Naturorganismus, das bedeutet die Gunst des Publikums für die Kunst. Die Organismen, die im Kampfe ums Dasein nicht standhalten können, sterben ab und verschwinden aus der Reihe der Lebewesen; die Tonwerke aber, die die Konkurrenz mit ihren Rivalen nicht auszuhalten vermögen, werden nicht mehr aufgeführt und verschwinden aus der lebendigen Musikaufführung. Wie dort die Natur die nicht mehr geeigneten Organismen nicht mehr produzieren kann, so lehnt auch hier das musikhörende Publikum die ihm nicht mehr zusagenden Werke ab. Es kann vorkommen, dass ein Naturkundiger Arten, die dem Absterben geweiht sind, züchtet und sie so eine Zeit lang noch künstlich erhält; auch heute wird so noch die strenge Fuge erhalten, aber mehr als historische Kuriosität und als Studienobjekt denn als wirklich integrierender Bestandteil unserer Musik. Und dieser Untergang bedeutet in der Musik mehr als in allen anderen Künsten. Die Bauwerke alter Zeiten stehen, wenn wir auch heute in andern Stilen bauen, doch noch aufrecht und sichtbar da; alte Bilder konservieren wir in Museen und Gallerieen; abgestorbene Musikformen aber sind wirklich tot, sie liegen, sobald sie nicht aufgeführt werden, in geschriebenen und gedruckten Büchern begraben und werden höchstens wie abgeschiedene Geister zitiert. Machen wir aber dennoch den Versuch, solche durch den Kampf ums Dasein eliminierte Werke durch eine Aufführung wieder zu beleben, so haben wir doch im ganzen und grossen die Empfindung, als stünden wir in einem paläontologischen Museum vor den Überresten vorweltlicher Tiergattungen. Man umschreibt dies, indem man sagt, die Werke hätten nur ein „historisches Interesse". Der Ausdruck selbst sagt deutlich, dass sie eben für die lebendige Gegenwart abgestorben sind. Und dies ist wohl mit ein Grund, warum die

Variabilität der Arten in der Musik grösser ist als bei andern Künsten, warum Musikformen rascher aufblühen und verwelken, als die Produkte einer andern Kunst. Der natürliche Regulator aber dieses Kampfes ums Dasein ist der Geschmack des Publikums. Man thut ihm unrecht, wenn man der tausendköpfigen Menge Inkonsequenz und Ungerechtigkeit vorwirft. Seine unberechenbare und schwankende Gunst ist nicht ein Produkt der Laune, des Zufalls oder der Willkür, sie ist nur der Ausdruck unbewusster ewiger, vielleicht nie ganz ergründbarer Entwicklungsgesetze.

Kampf ums Dasein herrscht überall, wohin wir blicken. Kampf ums Dasein zwischen Einzelwesen derselben Art, Kampf ums Dasein zwischen Einzelwesen und den äussern Lebensbedingungen, Kampf ums Dasein zwischen den Arten untereinander. Der Kampf zwischen Einzelwesen derselben Art wütet wohl am rücksichtslosesten in der dem praktischen Tagesbedürfnisse dienenden Musik. Wie viel wird alljährlich an Liedern, Tänzen, Operetten u. dgl. geschaffen und wie wenig von dem Geschaffenen kommt über ein ephemeres Dasein hinaus! Nach wenigen Jahren sind die meisten abgebraucht, vergessen und nur ein verschwindender Bruchteil fristet sein Leben bis in die folgenden Jahrzehnte. Eben die Massenproduktion bewirkt es, dass es nur eines geringen Masses von neuen Eigenschaften bedarf, damit die bereits vorhandenen Organismen von der Masse der nachkommenden verdrängt werden. Aber auch in den höheren Gattungen der Musik herrscht der Kampf ums Dasein. Die Symphonien von Mozart und Haydn haben die von Dittersdorf, die Opern Mozarts, jene Weigls und Winters, die Opern Meyerbeers, jene Spontinis aus dem Leben, d. h. aus der lebendigen Musikaufführung verdrängt. Und selbst vor den Werken eines und desselben Meisters macht der Kampf ums Dasein nicht halt. Selbst von Mozarts und Haydns Symphonien, wie verhältnismässig wenige leben noch heute? Auch hier haben die „bessern“, d. h. die zum Wettkampfe mit ihren gleichgearteten Mitbewerbern besser ausgerüsteten Individuen die andern verdrängt. Für den Kampf mit den äusseren Lebensbedingungen sind oben genügende Beispiele angeführt worden. Und, dass auch die einzelnen Arten durch immer neue verdrängt werden, dafür bieten die Thatsachen, dass die Chanson durch das Madrigal, die Kontrapunktik durch die Monodie, das mehrstimmige Lied durch das einstimmige in der Gunst des Publikums abgelöst worden sind, ausreichende Belege.

So zeigt es sich, dass die Gesetze, die die organische Welt beherrschen, auch für die Welt der Kunst Geltung haben: die Erblichkeit, die Variabilität, die Überproduktion, die zum Kampf ums Dasein und dadurch zur Divergenz der Charaktere und zum Erlöschen der minder verbesserten Formen führt. Empfindsamen Seelen mag es ein schrecklicher Gedanke sein, dass auch in dem heitern Reiche der Kunst nur Kampf, Tod und Zerstörung die herrschenden Mächte sein sollen. Aber aus diesem Widerstreit der Kräfte geht stets das Bessere und Vollkommnere als Sieger hervor; und es ist ein grossartiger Gedanke, dass alles, was auf der Welt lebt, einem und demselben Gesetze folgt, dass unter der Wirkung dieses Gesetzes sich auf natürliche Weise aus einfachen und unscheinbaren Anfängen alles das Herrliche und Grosse in immer steigender Fülle und Mannigfaltigkeit entwickelt hat, und dass auch in Zukunft nach diesem Gesetze sich immer Schöneres, Besseres und Vollkommneres entwickeln wird.

— — —

Einige Bemerkungen über den Vortrag alter Musik

von

Hermann Kretzschmar.

Ausser den im vorigen Jahrbuch behandelten „Denkmälern der Tonkunst in Oesterreich" treten bekanntlich noch eine grosse Anzahl verwandter Unternehmungen für die Wiederbelebung alter Tonkunst ein, und zwar auch im Ausland. Die deutsche Arbeit, die in Proske' „Musica divina", in Commer' „Musica sacra", in einer „collectio operum Musicorum Batavorum", in den Ausgaben der Leipziger Bachgesellschaft, der Deutschen Händelgesellschaft, den Publikationen der Eitnerschen Gesellschaft für Musikforschung, in den Gesamtausgaben der Werke Palestrinas, Schützens, Lassos, den „Denkmälern Deutscher Tonkunst" vorliegt, ist aber allein schon stattlich genug und bildet ein musikalisches Museum, das sich neben jeder Gemäldegallerie, neben jeder Skulpturensammlung mit Ehren zeigen kann.

Jedoch benutzen die Musiker die vorgelegten Schätze viel weniger als die bildenden Künstler die ihrigen. Holbein und Dürer sind Gemeingut aller Gebildeten, über Haasler und Schütz wissen nur wenige Fachmusiker Bescheid. Eingebürgert, wenigstens halbwegs eingebürgert, sind von den alten Komponisten nur Händel und Bach. Wohl hört man in den katholischen Kirchenchören, auch in den besseren protestantischen und in den geistlichen Konzerten der Dilettantenvereine häufiger Werke aus der grossen a cappella-Zeit, auf den Programmen der Virtuosen begegnet man den Namen der Corelli, Dom. Scarlatti und Tartini. Aber diesen erfreulichen Erscheinungen stehen noch mehr Fälle gegenüber, die darauf hindeuten, dass die schönen Neuausgaben vergeblich hergestellt worden sind. Man feiert das Jubiläum von Lassos Todestag durch eine Aufführung der Neunten Sinfonie, man sucht bei Einweihungsakten immer wieder die „Jubelouverture" oder Beethovens „Weihe des Hauses" hervor, obwohl Wasielewsky vor bald dreissig Jahren die schönste Festmusik, die es geben kann, in den Gabrielischen Orchestersonaten vorgelegt hat.[1]

Soll die für Neuausgaben alter Musik gethane Arbeit mehr sein als ein zweites Begräbnis, so muss in Zukunft energischer dafür gesorgt werden, dass die praktischen Musiker mit jenen Neuausgaben wirklich bekannt werden und

---

[1] Jos. von Wasielewsky: Instrumentalsätze vom Ende des 16. bis Ende des 17. Jahrhunderts (als Musikbeilage zu „Die Violine im 17. Jahrhundert"), Bonn 1874.

sie benutzen lernen. Diese Aufgabe fällt ganz naturgemäss den Konservatorien zu. Schon jetzt hat sich keins von ihnen dem Wiedereindringen der alten in die neue Musik ganz verschlossen oder verschliessen können, die Königliche Hochschule für Musik in Berlin ist sogar eine Hauptstütze der Bewegung geworden. Aber das was von den Musikschulen verlangt werden muss, sind vollständige Spezialkurse für alte Musik. Die gilt es überall erst zu schaffen oder aber es müssen iu den grossen Städten, ähnlich wie Haberl in Regensburg gethan hat, besondere Musikschulen für alte Musik gegründet werden, in denen die Jugend systematisch in die Technik und das Wesen der älteren Kunst eingeführt wird. Das Weitere findet sich dann schon allein. Das Publikum ist bisher meistens für alte Musik willig und dankbar gewesen. Es hat nicht bloss Leistungen wie denen des Amsterdamer Kirchenchors, es hat auch Surrogaten und verfehlten Versuchen Interesse und Beifall geschenkt.

Hätten unsere Kultusministerien wie für die bildenden Künste so auch für die Musik ständige und auf der Höhe der Sache stehende Referenten, so wären wir weiter und längst im Besitz der unentbehrlichen Organisation. Einstweilen muss eine regere Privathilfe die Schwierigkeiten wegzuräumen suchen, vor welche die Neuausgaben den modernen Musiker stellen. Sie fehlen nirgends, selbst nicht bei den scheinbar einfachsten Arten. Sei es auch nur ein Heft alter Klaviermusik: trotz der vielen Schnörkel ein leerer Klang, Figuren von abstossender Einfachheit! Ein Geiger greift zu Biberschen Sonaten: verblüffend schwer, auf den gewöhnlichen Saiten kaum herauszubringen! Ein Sänger hat von den Arien Heinrich Alberts gehört: kann man diese zweibeinige Musik wirklich heute noch bieten, hat sie wirklich jemals gefallen können? Oder ein Dirigent legt wohlgemut die Stimmen eines Lassoschen Chores auf. Da sind Soprane und Alte den Damen zu tief, die Tenöre den Herren zu hoch, die Komposition setzt einen ganz unbekannten Chorapparat voraus. In andern Bänden sind wieder Instrumente verlangt, die es nicht mehr giebt. Also: überall Rätsel, fremde Welten, Enttäuschung! Wohl steht in Ambros, auch in den besseren Handbüchern vieles Tiefsinnige und Interessante über alte Meister. A. von Dommer beachtet dabei schon Originalausgaben und Fundorte. R. Eitner hat dann durch seine bibliographischen Arbeiten das Studium alter Musik auf die unentbehrlichsten Grundlagen gestellt, Bohn, Emil Vogel sind gefolgt. Die Monatshefte für Musikgeschichte, Haberls Kirchenmusikalisches Jahrbuch, die Vierteljahrschrift für Musikwissenschaft, die Sammelbände der Internationalen Musikgesellschaft, hie und da auch einfache Musikzeitungen, die Vorreden zu den Neuausgaben, die Biographien Händels, Bachs, Haydns, Mozarts, die musikalischen Beiträge in v. Liliencrons „Deutscher Biographie" enthalten eine grosse Summe wertvoller Mitteilungen und gründlicher Aufklärung über Praxis und Theorie alter Tonkunst. Aber dem praktischen Musiker kann man nicht zumuten das alles durchzuarbeiten; für ihn fehlt ein Lehrbuch, das die feststehenden

Ergebnisse vereinigt, in dem er nachschlagen kann, so oft ihn die alten Noten befremden.

Es wird noch lange dauern, ehe dieses Lehrbuch geschrieben werden kann. Deshalb wird ein Versuch nicht unwillkommen sein, der einige der wichtigsten Punkte, die für das richtige Lesen und Ausführen alter Musik in Frage kommen, kurz beleuchten will.

Zunächst sei da auf eine Auskunftsstelle aufmerksam gemacht, die wenigstens für die Musik des achtzehnten, in zweiter Linie auch des siebzehnten Jahrhunderts klassische Bedeutung hat. Es ist Johann Joachim Quantzens „Versuch einer Anweisung die Flöte traversière zu spielen“. Wenn die musikgeschichtlichen Studien rascher als bisher gefördert werden sollen, so müssen ausser den alten Komponisten auch die bedeutendsten Theoretiker der alten Zeit wieder in Neudrucken bequem zugänglich gemacht werden. Am entschiedensten hat Eitner diese Idee vertreten und verwirklicht, aber bisher nur schwache Nachfolge gefunden. Mit den scholastischen Traktaten des Mittelalters eilt es dabei nicht, aber dessen, was aus der uns näher liegenden Zeit an Lehrbüchern und Biographien hervorragt, sollte sich der Musikverlag endlich annehmen. Für den Neudruck von Matthesons „Ehrenpforte“, von seinem „Vollkommenen Kapellmeister“ ist das Bedürfnis längst vorhanden, für keins der in Betracht kommenden Werke aber stärker als für die angeführte „Anweisung etc.“ von Quantz. Im Jahre 1752 erschienen, ist sie bis 1789 dreimal aufgelegt, sie ist ins Französische und Holländische übersetzt worden. Noch heute wird sie in den Arbeiten über die Musik ihrer Zeit fortwährend zitiert. Aber in den Kreisen praktischer Musiker ist sie ziemlich unbekannt. Das Buch, in dem sie sich Rat zu holen pflegen, ist Ph. E. Bachs „Versuch über die wahre Art das Klavier zu spielen“, daneben noch Tosis „Anleitung zur Singekunst“. Und doch ergänzt Agricolas deutsche Übersetzung den Tosi grundsätzlich durch Verweise auf Quantz, Bachs Arbeit kündigt sich schon durch den Titel als eine Übertragung der Quantz'schen an, auch noch Leopold Mozart hat sie im wesentlichen seiner „Violinschule“ einfach zu Grunde gelegt. Niemand sucht in einer „Flötenschule“ das, was Quantz wirklich bietet, nämlich: den ausführlichsten und reichsten Kommentar zu der mit dem siebzehnten Jahrhundert einsetzenden Musik. Die meisten Fragen, die sie der Praxis stellt, sind in diesem Buch beantwortet, man versteht es, dass sich Friedrich der Grosse einen Quantz etwas kosten liess.

Die Schwierigkeiten, die die alte Musik dem modernen Musiker bietet, gehen sämtlich auf den Fundamentalunterschied zurück, der zwischen der künstlerischen Stellung des heutigen und des früheren Virtuosen besteht. Heute sind Sänger, Spieler und Dirigenten in der Entfaltung ihrer Begabung an enge Grenzen gebunden. Sie dürfen alle den vorgelegten Noten nichts zusetzen, nichts davon weglassen, nur die Behandlung der Accente und Stärkegrade gestattet dem Temperament und der Intelligenz einen kleinen Spielraum, erlaubt, dass sich das höhere Talent vor dem geringeren auszeichne. Schon einer freieren, selbständigeren Behandlung des Tempos werden die Schreckensworte vom „objektiven" und „subjektiven" Vortrag zugedonnert. In der alten Zeit dagegen, bis zu Gluck hin, sah der Komponist den Virtuosen als seinen ebenbürtigen Mitarbeiter an. Produktion und Reproduktion waren keine getrennten Fächer, sondern gehörten eng zusammen. Dufay und viele berühmte Vokalkomponisten der Renaissancezeit waren Chorsänger — in allerdings mit lauter Künstlern besetzten Kapellen —, Hausmann, Petzel, Reiche und andere Orchesterkomponisten aus der Nähe des dreissigjährigen und siebenjährigen Kriegs dienten als Stadtpfeifer, Türmer und Spielleute. Mit solchem Material konnte sichs der Tonsetzer bequemer machen, davon absehen auch das Tipfelchen über dem i vorzuschreiben und seine Werke als Skizzen hinauszuschicken, in denen nur die wesentlichsten Züge bestimmt oder ungedeutet waren. So fehlen in den alten Kompositionen fast überall nicht blos Angaben über Tempo, Dynamik und Besetzung, es bleibt dem Wissen und Ermessen der Ausführenden überlassen, auch noch eine ganze Partie Noten hinzuzufügen. Es handelt sich für den modernen Musiker um ganz ungewohnte, auf den ersten Anschein rein unglaubliche Forderungen, es hat darum auch Mühe gemacht ihn von der Wahrheit, ja nur der Möglichkeit des früheren Verfahrens zu überzeugen.

Der erste Punkt, an dem man die Praxis der Alten für ihre Werke wieder aufgenommen hat, ist das sogenannte Accompagnement. Klavierauszüge von Bach und Händel, wie sie noch in den sechziger und siebziger Jahren des 19. Jahrhunderts vorgelegt wurden, sind heute wohl kaum noch möglich. Jedermann weiss jetzt oder könnte es wissen, dass der Bass in den Kompositionen des 17. und 18. Jahrhunderts eine Stenographie ist, dass er „ausgesetzt" werden muss. Dieses „Aussetzen" der Bässe ist in ununterbrochener Tradition von der alten Generalbasszeit her im Harmonieunterricht in Übung geblieben. Es wäre aber wohl an der Zeit, dass man mit den Bässen in lauter gleichen Noten für die höheren Stufen dieser Übungen aufräumte und die Schüler direkt an die Accompagnementskizzen der alten Meister führte. Da kommt Leben in die abstrakte Thätigkeit und es zeigt sich dem Schüler schnell, ob ihn seine Harmonie und sein Kontrapunkt genügend weit gebracht haben. Es muss in diesem „Aussetzen" der Bässe wieder die alte Freiheit und Leichtigkeit kommen, wir müssen es wieder bis zum Improvisieren auch bei schwierigeren Vorlagen bringen. Die Wissenschaft vom Accompagnement ist noch nicht genügend in die Praxis gedrungen, es giebt Gruppen unter den Musikern, denen es freud zu sein scheint, dass sie auch sie nahe angeht. Carl Reinecke hat in seinem vorzüglichen Schriftchen über „Die Klavierkonzerte W. A. Mozarts" nachgewiesen, dass in diesen Konzerten die dünnen zweistimmigen Stellen mit vollgegriffenen Harmonieen ausgefüllt werden müssen. Diese Forderung gilt für die Vor-Mozartsche Klaviermusik erst recht. Trotzdem spielen aber unsere Pianisten fast ohne Ausnahme die Sarabanden, Bourrées und Menuetts der Bachschen Suiten so wie sie notiert sind, d. h. ohne die vorausgesetzte Ergänzung an den zweistimmigen Stellen. Dass es in der alten Musik ausser in Fugen und ausser in wenigen Ausnahmen thatsächlich weder einstimmigen noch zweistimmigen Satz giebt, steht von Alberts Vorrede zum zweiten Teil seiner Arien ab durch zahlreiche Lehrbücher fest.

Der allgemeinen Beachtung dieses Gesetzes steht eine noch allgemeinere Irrlehre entgegen, das Axiom: dass die alte Musik arm und eintönig im Klang sei. Mit Massen und Heerden haben allerdings frühere Jahrhunderte nicht musiziert, aber vielleicht gerade darum waren sie in den Dingen der sinnlichen Wirkung sehr anspruchsvoll. Es ist da genau dasselbe Verhältnis, wie in der Malerei: Der Farbengeschmack wechselt mit den Zeiten und ihren Bedingungen, für den Farbensinn der Vergangenheit zeugen die Bilder der Veronese, Tizian, Correggio, Raffael laut genug. Die Orchestermusik war ja am Ende des 17. Jahrhunderts noch eine verhältnismässig junge Kunst. Aber eine Sinfonie des Alessandro Scarlatti, vielleicht die zum „prigioniero fortunato", richtig ausgeführt, verrät nichts davon. Im Gegenteil, wenn in diesem Stück nach dem geistreichen, schmetternden Allegro das Grave träumerisch und mit zarten Solostimmen einsetzt, da fragen wir ob und wo unsre Zeit der Instrumentationsvirtuosität Fälle derartiger elementarer Klangwirkung aufzuweisen hat. Aber die Voraussetzung ist eben die richtige Ausführung. Sie erfordert als Erstes: ein auf Grund des Basses ausgearbeitetes, vollstimmiges Accompagnement, eine sogenannte Orgelstimme. Handelt es sich um Aufführungen in der Kirche, so wird man die Chorsätze dieser Orgelstimme wirklich auf der Orgel spielen, Rezitative und Arien besser nicht. Die Arien gehören auf die sogenannten Positive, die vom Anfang des 17. Jahrhunderts ab überall für Kirchen und Schulen angeschafft wurden, die Rezitative aufs Cembalo, das, wie aus Ph. E. Bachs „Versuch etc." ersichtlich, noch im 18. Jahrhundert als Kircheninstrument unbedenklich war. Handelt es sich um Aufführungen in grossen Konzert-sälen, die grosse Orgeln haben, so bleibts bei der Orgel und dem übrigen für die Kirche bestimmten Verfahren und zwar auch für weltliche Chorwerke, wie es z. B. die Händelschen Oratorien sind. Fehlt im Saale aber eine Orgel, so ist der Ausweg, die Orgelstimme auf Orchesterinstrumente zu übertragen, den Mozart, Franz und andere für alte Musik gewählt haben, nur als allerletzter Notweg zu betrachten, weil dadurch das Originalkolorit der Werke gründlich zerstört wird. Besser wird man dann die Orgel durch einen förmlichen Chor moderner Accordinstrumente, grosse Harmoniums, Flügel, Harfen u. s. w. ersetzen. An diesem Punkt hängt die Frage des Accompagnements aufs engste mit der nach der Besetzung des Orchesters in alten Werken zusammen.

In der Besetzung des Orchesters lassen auch die Partituren neuer Komponisten etliche Freiheit. Wenn Berlioz oder Strauss vorschreiben: 16 oder 24 erste Violinen, so sind das Ausnahmen. Im allgemeinen bleibt die Zahl der Spieler eines Instruments dem Ermessen des Dirigenten überlassen; aber nirgends die Wahl der Instrumente selbst, denen eine Stimme übergeben werden soll. Die Alten hingegen treffen über die Besetzung des sogenannten Continuo in der Regel keine Bestimmung, rechnen aber für ihn ausser auf Cello und Kontrabass immer auf Accordinstrumente. Von Accordinstrumenten hat das moderne Orchester nur die Harfe wieder eingeführt, verwendet sie aber nicht zu Begleitungszwecken. Fürs 17. und 18. Jahrhundert kommen aber neben ihr für den Basso continuo oder die Orgelstimme vor allem Regale und Flötenorgeln, Cembali mannigfacher Art, Theorben, Gamben, Lauten und andere heute ins Museum verwiesene oder ganz verschwundene Tasten- und Saiteninstrumente, über die man im „Syntagma etc." des M. Prätorius Auskunft findet, in Frage. Vollständig wird sich dieser Teil der Besetzungsfrage, dem neuerdings wieder W. Kleefeld und H. Goldschmidt näher getreten sind[1]), erst dann klar legen lassen, wenn alles erreichbare Material bewältigt ist. Aber soviel ist heute schon sicher, dass die Bedeutung der Accordinstrumente in der alten Musik viel grösser ist, als ihnen bei praktischen Aufführungen von Werken des 17. und 18. Jahrhunderts zugestanden wird. Zur weiteren Aufhellung des Gegenstandes mögen hier zwei kleine Beiträge folgen.

Der erste besteht aus einer im Venetianischen Staatsarchiv befindlichen Rechnung, welche die für jede Aufführung von Cestis „Ciro" (i. J. 1664) gezahlten Instrumentistenhonorare nennt[2]):

1664, 5. Febraro.

Spese che s'esborsa ogni sera per l'opera titolata Il Ciro.

Al Signor Antonio[3]) primo instrumento da tasti . . Lire	24.16
al . . . . secondo instrumento da tasti . . „	10.—
al Sign. Andrea (Mattioli) terzo instrumento da tasti . „	10.—
al Sign. Carlo Sucon . . . . „	15.—
al primo Violin cicè Sign. Rimondo . . . . „	18.12
al Sign. Domenego secondo Violin . . . . „	14.—
al Sign. Mattio Viola da brazzo . . . . „	12.—
al Ruggiero violetta . . . . „	4.—
(alla) prima tiorba . . . . „	18.12
alla seconda tiorba . . . . „	11.—

Die folgenden Posten betreffen Beleuchtung, Bühnenarbeiter, Statisten, Schneider, Instrumentenstimmer u. s. w. und kommen hier nicht in Betracht.

---

[1]) Wilhelm Kleefeld: Das Orchester in der Hamburger Oper (Sammelbände der Int. Musikgesellschaft I, 2). Hugo Goldschmidt: Das Orchester in der Italienischen Oper im 17. Jahrhundert (ebenda II, 1).

[2]) Ich verdanke sie der Güte meines Freundes, des Cav. Nob. Dr. Taddeo Wiel in Venedig.

[3]) Sig. Antonio ist Cesti. Immer wo es möglich war, übernahm das erste Cembalo der Komponist selbst.

Auch die durch den hier benutzten Teil der Liste angeregten Zweifel, ob die Streichinstrumente blos einfach, also solistisch besetzt waren, ob die (verschwundene) Partitur des Ciro nicht auch Trompeten enthalten habe, können auf sich beruhen. Wichtig ist augenblicklich nur, dass zu dem nach heutigen Begriffen kleinen Orchester vier Tasteninstrumente gehörten — das vierte spielte nach vorhandenen Briefen[1]) der an vierter Stelle genannte Sig. Carlo. Das giebt also mit den beiden Theorben sechs Accordinstrumente.

Den zweiten Beitrag liefert die 1634 gedruckte Partitur des „Alessio" von Stefani Landi, einer heute nicht mehr unbekannten Oper der Römischen Schule. Sie enthält zwei Systeme für den bezifferten Bass. Das untere gilt „per i Gravicembali", das obere, von jenem nur durch bewegtere Rythmen abweichend: „per Arpe, Liuti, Theorbe, Violoni." Also nicht bloss Cembali, oder vielmehr grosse, klangreiche Gravicembali in der Mehrzahl, sondern auch noch Harfen, Lauten und Theorben dazu wiederum im Plural!

Solche Thatsachen verbieten allein schon, dem 17. Jahrhundert eine Reduktion des Monteverdischen Orchesters in Bezug auf seinen eigentümlichsten Teil, die Accordinstrumente, zuzuschreiben. Das 18. Jahrhundert scheint sparsamer geworden zu sein, die vermehrten Violinen nehmen Platz weg, Hörner und andere Orchesterinstrumente wurden zu Füllinstrumenten verwendet; die in Marpurg und an anderen Stellen enthaltenen Kapellverzeichnisse nennen infolgedessen ein, höchstens zwei Cembali oder Flügel. Aber in Partituren von Perez und Iomelli wird ein drittes Cembalo verlangt, Händelsche Vorschriften zeigen, dass auch noch Harfen, Theorben etc. in Gebrauch waren, und gar nach Quantz bleibt zwischen der Praxis des 18. Jahrhunderts und der früheren kaum noch ein Unterschied. „Den Clavicymbal" — sagt er auf S. 189 seines „Versuchs etc." — „verlange ich für alle Musiken." Dann aber, auf die verschiedenen Musiken eingehend, fordert er für die sogenannte „kleine Musik" — das ist eine Kammermusik von 2 ersten, 2 zweiten Violinen, einer Bratsche, einem Violoncello, einem Kontrabass, so wie sie z. B. für Bachs viertes und fünftes Brandenburgisches Konzert, auch für den Schlusssatz des zweiten gehört — einen Clavicymbal, für eine Besetzung von 6 ersten, 6 zweiten Violinen aber schon einen Clavicymbal, einen Flügel und eine Theorbe und in dieser Proportion geht es weiter mit den nötigen Accordinstrumenten. Wir aber spielen heute Muffatsche und Bachsche Orchestersuiten, Händelsche und Bachsche Konzerte zwar mit 12 und 20 ersten Geigen, aber ohne jegliches Cembalo und ohne es irgendwie, z. B. durch Klavier und Harfen, zu ersetzen!

Ähnlich wie mit den Accordinstrumenten geht es den alten Partituren bei heutigen Aufführungen sehr häufig auch mit der Verstärkung der Bläser. Viele sonst vorzügliche Musiker glauben, dass das moderne Orchester

---

[1]) Baldige Veröffentlichung des gesamten Materials bleibt vorbehalten.

ohne weiteres auch für die Vorhaydnsche Zeit passt. Da wundert man sich, dass die Ballets von Rameau nicht klingen wollen und hilft mit Posaunen nach, man spielt in Händels „Saul" mit 10 Pulten erster Violinen und einfachen Oboen auch über Stellen weg, wo diese Instrumente konzertieren, und belobt den Dirigenten, wenn er sonst beliebt ist, noch als Meister in allen Stilen. Ähnlich geht es mit den Flöten im „Introitus" der Matthäuspassion, mit ihnen und den Oboen in den Chören der Hmoll-Messe jahraus jahrein. Für Bach haben M. Hauptmann, W. Rust, Ph. Spitta auf die richtige Praxis aufmerksam gemacht, für Händel hat Chrysander vor einem Menschenalter mit Rechnungen von Londoner Aufführungen des „Messias" eine ausserordentlich starke Chorbesetzung der Oboen nachgewiesen. Die Mitteilungen dieser Männer belegen aber nur, was schon im Quantz steht. Er giebt (u. a. O.) für das Verhältnis von Streichern und Bläsern die Regel: „Zu einem Pult erster Violinen gehören .... zweene Oboen, zwo Flöten und zweene Bassons", zu 6 ersten Violinen verlangt er vier Oboen, vier Flöten u. s. w., bei stärkerer Besetzung sollen mit jedem neuen Pult Violinen die Blasinstrumente immer je einen weiteren Spieler enthalten.

Die richtige Ausführung alter Orchestermusik oder alter begleiteter Vokalmusik fordert also ein ebenbürtiges Verhältnis zwischen Streichern und Bläsern, bei unserer heutigen starken Geigenbesetzung demnach Bläserchöre. Scheinbar steht diese Forderung im Widerspruch zu einigen der von Marpurg a. a. O. gegebenen Personalverzeichnisse. Aber nur scheinbar. Es müssen da die Scholaren der Hofmusici, es muss die durch Quantzens Lebensbeschreibung bescheinigte Zuziehung von Stadtpfeifern mit in die Rechnung eingestellt werden. Wer die Thatsache selbst der Geschichte und den Lehrbüchern nicht glaubt, der wird schnell durchs Ohr überzeugt. Nicht bloss an Klarheit gewinnt die alte Musik, sondern noch vielmehr an Klangschönheit. Namentlich der Chorklang der Oboen trägt in die Tonwirkung alter Musik eine eigene Wärme hinein, die sich durch nichts ersetzen lässt. Leider macht die Beschaffung solcher Oboen- und Flötenchöre selbst in grossen Städten heute Mühe; hilft man sich der Unmöglichkeit gegenüber damit, dass man an die Verstärkungspulte Geigen stellt, so geschieht der Klarheit des Satzes wohl Genüge, aber es tritt der Bleistift an Stelle der Farbe.

Auf die Bedeutung des Basses, auf die Besetzungsverhältnisse in den alten Partituren muss der moderne Musiker erst hingewiesen werden. Was ihm aber sofort selbst auffällt, wenn er eine der originalgetreuen Ausgaben aufschlägt, das ist die Vernachlässigung der Dynamik. Da bezeichnen die neueren Komponisten sehr, einzelne peinlich genau, sie geben zuweilen ebensoviele oder mehr Zeichen als Noten. Dagegen nun vielleicht ein Bachscher Satz! Im ersten Gloriachor der Hmoll-Messe 176 Takte aber nicht ein einziges f und p und nur sehr wenige Angaben für Schleifen und Stossen! Bei Händel und bei den Zeitgenossen dieser beiden ists nicht anders. Sollen

nun solche Sätze wirklich im gleichen Ton, ohne Licht und Schatten vorüber-
ziehen? Gehört es wirklich zum Stil der „kräftigen" Zeit, dass die Geigen,
wo es der Komponist nicht ausdrücklich anders vorgeschrieben hat, immer
mit grossem Strich spielen?

Nein! Die Alten verlangen gerade so gut wie die Neuen einen im Dynamischen ausgearbeiteten Vortrag. Tosi beschwert sich (S. 132) darüber, dass
die deutschen, schlecht unterrichteten Bassisten „im Brüllen ihren Ruhm
suchen", Quantz nennt die Spieler „kultsinnig", die nicht mit Stärke und
Schwäche gehörig umzugehen verstehen, einen Satz in derselben Farbe durch-
zuspielen, errege Ekel (S. 95). Wie Ph. Em. Bach die Lehre „vom Vortrag"
mit dem Satz beginnt: „Die Gegenstände des Vortrags sind die Stärke und
Schwäche der Töne", so erklären auch alle anderen Lehrbücher der Zeit die
Beherrschung der Dynamik und der Spielarten für eine Hauptbedingung des
guten Vortrags und sie alle lehren den technischen Teil dieser Kunst aufs
eingehendste. Der Sänger, der Violinist, der Flötist, die Solisten und die
Ripienisten, Instrument für Instrument, auch der Akkompagnist am Cembalo
oder am (neuen Silbermannschen) Flügel — sie erhalten alle ihre besonderen
Anweisungen darüber, wie sie ein piano, ein mezzoforte, ein forte, ein fortissimo
oder die Untergrade dieser Klangfarben zu geben haben, auch das Ab- und
Zunehmen der Tonstärke wird behandelt. Und was die Hauptsache ist: es
wird verlangt, dass der Spieler selbständig zu schattieren versteht. „Es ist bei weitem nicht hinlänglich — sagt Quantz (S. 254) —
das piano und forte nur an den Orten, wo es hingeschrieben steht, zu be-
achten, sondern ein jeder Accompagnist muss wissen es an den vielen Orten,
wo es nicht dabei steht, mit Überlegung anzubringen". Warum schrieben das
die Komponisten aber nicht selbst überall hin? Wiederum aus Respekt vor
der Freiheit und Einsicht der Virtuosen. Sie trugen der verschiedenen Individualität, der wechselnden Disposition, den wechselnden Anforderungen des
Raumes, des Publikums Rechnung und beschränkten ihre Vorschriften auf die
Stellen, wo sie von der Tradition und dem Nächstliegenden abweichen, oder
wo ein Zweifel über ihre Absichten entstehen konnte.

Wir verstehen es, dass bei einem Klaviersolo dem Spieler die Dynamik
ganz überlassen wird, auch bei kleineren Ensembles können sich die Ausführenden noch verständigen. Aber dass man auch bei „grossen Musiken"
aus unbezeichneten Stimmen zur Einheitlichkeit kam, können wir uns kaum
vorstellen. Das war nur möglich, wenn viel probiert wurde. Dass das
aber geschah, wissen wir aus den Biographieen Glucks, Dittersdorfs und anderer
alter Musiker. Auch Ph. Em. Bach bestätigt es (S. 102): „In den geübte-
sten Orchestern wird oft über einige den Noten nach sehr leichte Sachen
mehr als eine Probe angestellt." Zweitens setzte jener Brauch eine ausserordentlich gründliche Schulung voraus. Das meint auch Quantz: „Hierzu ist
ein guter Unterricht und viel Erfahrung nötig." Den Gang des Unterrichts

in der Dynamik können wir in den Lehrbüchern verfolgen. Er ist ziemlich kasuistisch. Quantz z. B. zeigt an 200 und etlichen einzelnen Fällen die Regeln, wie sich bei Konsonanzen und Dissonanzen, bei schnellen Passagen und langsamen Noten, Stärke und Schwäche, Wachsen und Abnehmen des Tons zu einander verhalten. Diese einzelnen Fälle betreffen aber immer nur kleinere Tongruppen. Für die Dynamik im Grossen, in Perioden, Sätzen und Teilen, bieten alle Lehrbücher nur einen allgemeinen Anhalt. Sie muss sich nach den Affekten, nach den Hauptleidenschaften, nach dem geistigen Charakter der Komposition richten. Der Spieler muss überall und jederzeit im klaren darüber sein, was der Satz im ganzen und was jede einzelne Stelle sagen und ausdrücken will. „Schatten und Licht" — sagt Bach (S. 115) — „hängt von dem Gedanken und der Verbindung der Gedanken ab" und von Quantz übernimmt er stillschweigend die Formel „Aus der Seele muss man spielen" und fügt aus Eignem noch hinzu: „nicht wie ein abgerichteter Vogel". Eine Systematik der einzelnen Affekte wird nirgends geboten, nur gelegentliche Winke fallen ab: z. B. rät Quantz (S. 203) dem Spieler, für den Affekt der Liebe, Zärtlichkeit, Schmeichelei, Traurigkeit, auch wohl bei einer wütenden Gemütsbewegung, als Verwegenheit, Raserei, Verzweiflung" Dämpfer und Sordinen zu benutzen, Bach sagt (S. 115): „Ein besonderer Schwung der Gedanken, welcher einen heftigen Affekt erregen soll, muss stark ausgedrückt werden."

Die Behandlung der Dynamik in den alten Lehrbüchern ergiebt demnach für den modernen Musiker die Pflicht, auch nach dieser Richtung das Notenbild, das ihm die originalgetreuen Neuausgaben vorführen, zu ergänzen und den Vortrag genau auszuarbeiten. Als Richtschnur kann ihm dabei nur sein Gefühl und seine Bildung dienen und es wird unvermeidlich dabei immer auf einen Rest von Subjektivität hinauskommen. Aber ein Zuviel von moderner und persönlicher Empfindung schadet immer noch viel weniger als das tote oder derbe, mechanische Abspielen, als die „Kaltsinnigkeit", von der Quantz spricht. Selbst dem Crescendo möchten wir hierbei das Wort reden, obgleich es sich aus den in Frage kommenden Lehrbüchern nicht ganz klar nachweisen lässt. Für einzelne lange Töne, für kurze Passagen ist kein Zweifel, ob auch für längere Perioden, scheint heute noch nicht spruchreif. Vertritt man es auch für letzteren Fall, so berechtigt dazu die praktische Komposition der Zeit. Gluck hat es im Orfeo, Bach, Händel haben es, es kommt schon in italienischen Handschriften der ersten Hälfte des 18. Jahrhunderts lange vor der Mannheimer Schule vor, der seine Einführung wohl missverständlich zugeschrieben wird. So wichtig wie in der modernen Musik ist es jedoch nicht.

Dagegen versteckt sich in den alten Partituren ein anderes dynamisches Phänomen von grösster Bedeutung, das die neue Zeit nicht mehr benutzt: das Echo. Jedermann kennt es als Naturerscheinung, man findet Echowerke auf

Orgeln, auf alten mehrmanualigen Klavieren, aber nur wenige wissen, welche Wichtigkeit es drei Jahrhunderte hindurch für die musikalische Komposition gehabt hat. In dem weltbekannten „Ecce quomodo“ Jakob Handls (Gallus) schliessen beide Verse mit der Strophe:

et e - rit in pace me - mo - ri - a　　　e - jus

und in beiden wird dieses „et erit in pace etc.“ zweimal gesungen. Nachdenkliche Hörer fragen wohl: warum diese Wiederholung? Wörtlich wie sie ist, kann man sie aus der Bedeutung der Worte nicht genügend begründen. Es fragt aber überhaupt niemand, wenn man sie von einem unsichtbaren, vom Hauptchor weit entfernten, verdeckten Quartett, wenn man sie als Echo vortragen lässt. Dann hat die Wiederholung einen poetischen Sinn, sie wirkt wie eine Stimme vom Himmel, sie fügt an die Hoffnung die Verheissung. Und wie mit diesem einen Beispiel verhält sichs mit unzähligen Fällen aus der Vokalmusik des 16. Jahrhunderts. In Motette und Madrigal sind wörtliche Wiederholungen, namentlich an den Schlüssen als Echo gedacht. Die klangliche Ausnutzung von Raumverhältnissen war ein Hauptgebot der alten Komposition. In der neueren Musik kommt sie nur ausnahmsweise zur Geltung, in den Leonorenouverturen Beethovens, in der Sinfonie fantastique, im Requiem von Berlioz z. B.; wagt es ein unbekannter Komponist damit, wie seinerzeit Cowen in seiner Skandinavischen Sinfonie, zieht er sich leicht den Vorwurf äusserlicher Spielerei zu. Die alte Musik arbeitet dagegen mit einem vollständigen System von Raumeffekten. Mit Staunen sehen wir aus dem „Syntagma etc.“ des M. Prätorius, wie in seiner Zeit eine an und für sich bescheidene Anzahl von Sängern und Spielern des Klangwechsels wegen auf ein halbes Dutzend getrennter Chöre und Kapellen verteilt wurde. Auch S. Bach legt auf diese Chortrennung noch solchen Wert, dass er auch bei den Solisten in mehrchörigen Kompositionen angiebt, welcher Chor ihn zu stellen hat. Er hat sich nicht einbilden können, dass das 19. Jahrhundert diese Angabe dahin missverstehen würde, seine Soli könnten ebenso gut in Chorbesetzung gesungen werden. Die Wirkung der Doppelchöre, der Konzerte, der Duette beruht wesentlich mit darauf, dass die Gruppen und Parteien weit von einander stehen, selbst der Stil vieler Kammermusikwerke rechnet mit der gehörigen räumlichen Trennung von erster und zweiter Violine. Von allen diesen Raumeffekten war aber der des Echos der beliebteste. Er ging mit herüber in Monodie und Lied, die junge Florentiner und die Römische Oper verwendet das Echo für die Orakel, für die Stimmen guter und böser Geister, in Oratorien hält es sich bis zu Bach. Am wichtigsten wird es für die Instrumentalmusik. J. v. Wasielewsky teilt (a. a. O. S. 10) eine Orchesterphantasie von Adriano Banchieri mit, die lange vor 1603 entstanden sein muss. In ihr sind grosse und kleine Echos noch gemischt. In der Venetianischen Opernsinfonie hat sich aber für die Behandlung des Wiederhalls bereits ein bestimmtes System entwickelt. Die Anfangstakte aus A. Sartorios Sinfonie zur „Adelaide" (1672) werden es am einfachsten veranschaulichen:

Bis hierher sind Trompeten die Hauptstimmen, dann nehmen Violinen das Sätzchen in A-dur, im übrigen wörtlich auf. Es kommen neue Motive, aber der Wechsel von forte und piano geht durch bis ans Ende. Angewiesen hat ihn Sartorio nur beim erstenmal. In dieser venetianischen Gestalt lebt nun das Echo weiter. Noch 1752 legt Perez die Eröffnungssinfonie zu seinem „Demofonte" genau wie Sartorio an, nämlich:

Wie Perez verfahren alle andern Neapolitaner, sie gebrauchen das Echo verschwenderisch und so, dass die Kompositionen unerträglich trivial klingen, wenn man es weg lässt. Ebenso Hasse und die weiteren Deutschen, die zur italienischen Schule gehören mit Ausnahme von H. Graun. Das Echo bleibt in Sinfonie, Suite, Sonate, Konzert, in jeder Art von instrumentaler Musik bis ans Ende des 18. Jahrhunderts ein wichtiger Träger des Satzbaues. Wo immer ein kurzes oder längeres Motiv zweimal unmittelbar hintereinander ganz oder beinahe wörtlich gebracht wird, da ist die Wiederholung als Echo im piano zu geben. Die Lehrbücher bringen zwar keinen Abschnitt unter dem Titel Echo, aber das hier mitgeteilte Gesetz des Echos stellen sie ausdrücklich und klar genug auf. Quantz (S. 253) mit den Worten: „Bei Wiederholung oder Ähnlichkeit der Gedanken, die uns halben oder ganzen Takten bestehen, es sei in denselben Tönen oder in einer Versetzung, soll die Wiederholung schwächer als der erste Vortrag derselben gespielt werden". Bei Ph. E. Bach lautet dieselbe Regel (S. 115) „Die wiederholten Gedanken, sie mögen in eben derselben Modulation oder in einer anderen erscheinen, pflegt man durch forte und piano zu unterscheiden". Wenn also Seb. Bach — um an einem bekannten Fall zu demonstrieren — im „Christe eleison" der Hmoll-Messe den Violinen (Takt 5—7) hinschreibt:

so ist das ohne Zweifel folgendermassen

zu spielen. Der Anfang der Sinfonia zu „Christ lag in Todesbanden" würde so klingen müssen:

des 2. Brandenburgischen Konzerts, das vom Echo förmlich lebt, so:

Man könnte Bände mit solchen Bachschen Stellen füllen, die sich Aufführungen und Klavierauszüge entgehen lassen. Sehr reich an Echoeffekten ist auch Händel, auch noch in den späteren Werken, wie z. B. den grossen Instrumentalkonzerten, besonders aber in den Jugendwerken. In den wunderbaren Sonaten für 2 Oboen und Bass, die er als Knabe komponiert hat, durchzieht das Echo immer wieder die thematische Erfindung. In Nr. 3 z. B. fängt der erste Satz damit an:

und ebenfalls der letzte:

Mozart, um noch einen Klassiker anzuführen, ist namentlich in seinen Divertimenti ein Freund des Echos, schreibt es aber meistens vor. Ebenso Franz Schubert, bei dessen Namen Jedem sogleich das Hornsolo einfällt, mit dem die grosse Cdur-Sinfonie beginnt.

An den bisher abgehandelten Punkten lässt die alte Musik schon gerade genug zu raten und zu ergänzen. Und doch ist das noch nicht alles; das für den modernen Musiker Erstaunlichste kommt noch: Ihre Noten geben auch im Melodischen vielfach nur Stückwerk und Skizze, bei allen zur italienischen Schule gehörigen Kompositionen müssen die Ausführenden die Kunst des freien Verzierens und Variierens üben. Für diese Kunst hat die neue Musik keinen Platz, man hat sie infolgedessen vollständig vergessen

und auch bei der Aufführung der alten Musikwerke, die sie verlangen und
voraussetzen, ignoriert. Einzelne Spuren der alten Tradition tauchten allerdings in der Gegenwart hie und da noch auf. Ältere Sänger wie der unlängst
verstorbene Heinrich Behr hielten in der Matthäuspassion und anderen Bachschen Werken trotz der Einwände der Kritik an ungeschriebenen Vorschlägen
fest, Ferdinand David pflegte bei Satzwiederholungen in Haydnschen Quartetten
mit freien Änderungen zu überraschen, F. Gevaert hat in den „Gloires de
l'Italie" die Originalmelodien mit mancherlei Verzierungen, Durchgängen und
Zuthaten versehen, auch C. Reinecke nimmt in der angeführten Schrift das
gleiche Recht für die Mozartspieler in Anspruch. Auch leben noch, freilich
völlig ausgeartet, die alten Kadenzen bei den Instrumentalvirtuosen. Aber
als Ganzes war jene alte Kunst am Verlöschen. Da hat sie Friedrich Chrysander kühn und ohne weiteres wieder in die heutige Musik hineingestellt
mit seinen Einrichtungen Händelscher Oratorien, und der Erfolg hat für ihn
gesprochen. Wenn aber in diesen Einrichtungen die nötigen und nützlichen
Ergänzungen hingeschrieben sind, so ist das nur ein zeitweiliger Notbehelf.
Die Sänger, die Instrumentisten und Dirigenten müssen diese Zuthaten selbst
erfinden lernen, denn jede Individualität und jeder Aufführungsraum braucht
für dieselben Werke andere. Es muss deshalb die Lehre vom Verzieren und
Variieren wieder vollständig ausgegraben und in Übung gebracht werden.
Auch hierfür hat Chrysander den ersten bedeutenden Schritt mit seiner Arbeit
über Zacconi gethan.[1]) Andere sind schon dabei, noch mehrere werden kommen
in ähnlicher Weise über die Vorgänger, Nebenmänner und Nachfolger Zac-
conis zu berichten und die gesamte Theorie des Gegenstands in Zukunft
wieder praktikabel zu machen. Hier liegt für die Musikwissenschaft eine der
dringlichsten und lohnendsten Aufgaben vor. Aber auch eine langwierige.
Denn die Lehre von der Verzierungskunst reicht bis in die erste Hälfte des
16. Jahrhunderts bis zu Ganassi zurück, die Kunst selbst war lange vor der
offiziellen Datierung des begleiteten Sologesanges ausgebildet, sie hat diesen
vorbereitet. Sie hat dann bis in unser Jahrhundert hinein sich behauptet und
in Praxis und Theorie sich mannigfaltig entwickelt. Der praktische Musiker,
der selbst an einem Händelschen Oratorium oder an verwandten Werken das
Richtige vornehmen will, kann nicht darauf warten, bis die gelehrte Arbeit
erledigt ist. Zum Glück ist das aber auch gar nicht nötig. Das was er zunächst braucht, findet er ebenfalls wieder mehr als ausreichend im Quantz;
neben ihm kommt noch Tosi in Betracht. Nötig ist aber, dass er an den
Gegenstand unbefangen herantritt und eine Reihe moderner Vorurteile ablegt.
Das Hauptvorurteil ist das, dass er die ganze Verzierungskunst mit ihren
Passagen und Trillern für ein äusserliches Ding, für eitlen Virtuosentand an-
sieht. Das ist sie beim Missbrauch, bei mangelnder Anlage und Schule. Aus

---

[1]) Vierteljahrschrift für Musikwissenschaft VII, IX, X.

letzterem Grund hat sie sich bei den Franzosen vor Alters nur schwach entwickelt, an einen ihrer Hauptteile, die sogenannten „willkürlichen Veränderungen", haben sie sich kaum herangetraut, den anderen, die „wesentlichen Manieren", ihren Virtuosen nicht freigelassen, sondern hingeschrieben, wie das jedermann aus Couperin, aus Rameau und aus der auf französischem Boden stehenden deutschen Klaviermusik, z. B. der Seb. Bachs, sehen kann. Nur eine Minderheit war gegen diesen Brauch, zu ihr gehörte der ältere Muffat, der in der Vorrede zu seinen im „Florilegium" gesammelten Orchestersuiten, obwohl sie französischen Stils sind, die Kenntnis des freien Verzierungswesens verlangt und lehrt. Die Dirigenten sollten darum diese Vorrede wohl studieren. Sein Sohn aber schreibt im „Componimento" alles selbst aus. Der erwähnte Missbrauch der Verzierungskunst hat Gluck dazu getrieben, sie zu beseitigen und damit das Kind mit dem Bad auszuschütten, im Gegensatz zu Männern wie Tosi und Quantz, die zwar vor Missbrauch und Abart warnen, aber die Sache in ihrer Norm hochhalten. Was die Kunst des freien Ergänzens und Variierens in ihrer Reinheit will und zu bedeuten hat, das lässt sich an einem Beispiel ersehen, das niemand unbekannt ist: das berühmte Oboensolo im ersten Satz von Beethovens fünfter Sinfonie, über dessen ergreifenden Charakter sich R. Wagner so schön geäussert hat.[1]) Was ist das anders als eine freie Kadenz, als eine jener „willkürlichen Veränderungen", die die alte Schule bei den meisten Fermaten voraussetzt? Die Stelle giebt den Schlüssel zum Verständnis des ganzen freien Verzierens und Variierens: der Hauptzweck dieser Kunst ist Verstärkung des Ausdrucks nach Gestalt und Schönheit. Ihm dienen die kleinen Mittel, die in den sogenannten „wesentlichen Manieren" zusammengefassten Vorschläge, Nachschläge, Anschläge, Doppelschläge, Schleifer, die Mordenten und die verschiedenen Trillerarten ebensogut wie die „willkürlichen Veränderungen". Durch letztere allein erhält der Formenbau der alten dreiteiligen Arie, mit dem uns so oft überflüssig scheinenden da capo, seinen Sinn. Auch die zu den „willkürlichen Veränderungen" gehörenden freien Kadenzen waren als poetische Äusserungen von Stimmung und Empfindung gedacht. Nicht selbständige Kompositionen sollten sie sein, wie es die Klavierkadenzen nach und nach geworden sind; sondern kurze Exklamationen, für den Sänger auf eines Atems Länge beschränkt, zusammenfassende Mottos, in denen der Virtuos mit einem letzten Trumpf, mit einem letzten Schlagwort noch einmal bekräftigte, was der Komponist gesagt hatte. In diesem Sinne sind sie sogar in den kirchlichen Gemeindegesang gekommen und haben bis an die Gegenwart heran als „Zwischenspiele" im Choral ein erbärmliches Scheinleben geführt. Der Satz, dass Manieren und Veränderungen der Hauptleidenschaft von Stück und Stelle zu dienen haben, kehrt bei Quantz und Tosi gerade so oft wieder als der, welcher die dynamischen Mittel den „Affekten" unterstellt. Was aber

---

[1]) R. Wagner: Über das Dirigieren (Ges. Schriften 1873, VIII, 335).

in der Ausbildung des Virtuosen die Verzierungskunst für eine Wichtigkeit hatte, das sieht man schon aus der Einteilung von Tosis Buch. Von seinen zehn Kapiteln sind ihr allein fünf gewidmet. In allen fünfen wird immer wieder darauf aufmerksam gemacht, dass nur die Gesang studieren sollen, die hinreichende eigene Erfindungskraft besitzen. In Tosi und Quantz haben sich alle, die mit alter Musik zu thun haben, das nötige Wissen zu holen. Sie bieten alles über Wann und Wie Entscheidende, Gebote und auch Verbote. Wer nicht diese Theorie beherrscht, geht auf Schritt und Tritt auch im Urteil über alte Musik fehl und handele es sich nur um ein einfaches deutsches Lied. K. E. Schneider glaubt in seiner Geschichte des musikalischen Liedes (III, 71) den alten Rist als Komponisten mit einer einzigen Probe vernichten zu können:

Ed - le Hüt-te, sei ge - grüs - set, wel-cher An - blick itzt ver - süs - set

Die deutschen Chorknaben, die im 17. Jahrhundert das Singen aus Herbsts „Musica practica" (Nürnberg 1642) lernten, würden ihm das vermeintliche „corpus delicti" — wie der witzige Kritiker den Satz nennt — vielleicht in dieser Gestalt

Ed - le Hüt - te, sei ge · grüs · set, welcher An · blick

oder einer ähnlichen vorgeführt haben.

Nicht blos der Behandlung der alten Musik wird es zugute kommen, wenn die nächsten Generationen sich die alten Lehrbücher wieder zu eigen machen, wir werden einen höheren Virtuosenstand haben, die Verzierungskunst insbesondere wird unter den Komponisten manchen Chopin zeitigen!

Beethoven und seine Gönner.

Von

Guido Adler.

Künstler und Publikum stehen zu einander wie Geber und Empfänger. Im Gegensatz zu dieser ideellen Auffassung des Verhältnisses zeigt uns die Geschichte nur zu oft, dass die Anerkennung der Kunstwerke nicht ihrer inneren Bedeutung entspricht. Tagestalente, welche den Neigungen des Publikums zu schmeicheln verstehen, erwerben reichen Lohn, während der Künstler, der nur seinem inneren Schaffensdrange folgt, der Sorge anheimfällt. Beim Tonsetzer zumal hängt die materielle Existenz nicht so sehr von seinen Schöpfungen selbst ab, als vielmehr von seiner Verwendbarkeit im Dienste der Öffentlichkeit, als Lehrer, Leiter oder als ausübender Tonkünstler. Erst die Rechtsgestaltung der Gegenwart bietet dem Tondichter die Möglichkeit, durch materielle Verwertung seiner Werke ökonomische Unabhängigkeit zu erringen. Dieselbe ist ein kostbares Gut der Künstler, von welchem nicht jeder den richtigen Gebrauch zu machen versteht. Für den Phantasten birgt die Unabhängigkeit eine Gefahr. Sie entartet zur Ungebundenheit, manchmal sogar zu gänzlicher Losreissung von den natürlichen Lebensbedingungen der Kunst. Der künstlerische Schwung gerät in Irrbahnen, wird Überschwang. Glücklich zu preisen sind jene Künstler, die innigen Gefühls- und Gedankenaustausch mit teilnahmsvollen, empfänglichen Freunden pflegen, eine verständnisvolle, gläubige Gemeinde finden, für welche sie schaffen, von der aus sie sich die Welt erobern. Die erhabensten Ideen der mächtigsten Geister konnten seit jeher nur durch die Lehre von Aposteln ihren Einzug in die grosse Welt halten. Für Religion und Philosophie ist die persönliche Hingabe der Lehrverbreiter unentbehrlich. Bei den Künsten muss zur Begeisterung der ersten Anhänger eines Künstlers die Förderung von Gönnern und Verehrern als notwendige ökonomische Ergänzung hinzukommen. Beschützer der Künste können wohl nicht Künstler schaffen, aber durch Erleichterung der sozialen Bedingungen die Kunst fördern. Der Ausspruch Martial's: „Sint Maecenates, non deerunt, Flacce, Marones" ist nicht wörtlich zu nehmen; nicht immer stellen sich Dichter wie Vergilius Maro dort ein, wo Menschen sind, wie Maecenas einer war. Die Behauptung eines modernen Nationalökonomen, die Künste könnten nur zu solchen Zeiten gedeihen, in denen Wohlstand blüht, diese Behauptung erweist sich bei näherer geschichtlicher Prüfung als übertrieben. Die Lebensgeschichte manches Einzelnen unter den Künstlern zeigt ihn von solchen Voraussetzungen unabhängig. Wenn sich aber die Mission einer weitverzweigten Kunstschule erfüllen soll, dann müssen nebst den rein künstlerischen Voraussetzungen auch die sozialen Vorbedingungen erfüllt sein. Dies war der Fall, als der zweiundzwanzigjährige Beethoven im letzten Jahrzehnt des achtzehnten Jahrhunderts nach Wien kam. „Freigebigkeit von Hof und Adel, billiges Leben ermöglichten den Künstlern, sich eine Zeit lang in Wien ohne feste Anstellung aufzuhalten" — so berichtet der Berliner Kapellmeister J. F. Reichardt, der als „aufmerksamer Reisender" Gelegenheit hatte, die Verhältnisse verschiedener Städte und Länder kennen zu lernen.

Beethoven hielt sich bis zu seinem Tode als freier Künstler in Wien. Der Reisepfennig, den er von seinem Bonner Brodherrn, dem Kurfürsten Max Franz erhalten hatte, war aufgezehrt, die zugesagte Subvention blieb aus, Beethoven musste für seinen Unterhalt sorgen, hatte für das Honorar seiner Lehrer aufzukommen und gleichwohl behauptete er seine Unabhängigkeit. Mächtig war in ihm der Drang nach Selbständigkeit in Kunst und Leben. Je kräftiger seine Kunst heranwuchs, desto lebhafter wurde sein Freiheitssinn. „Demut des Menschen gegenüber den Mitmenschen schmerzt mich" — schreibt er an einen Jugendfreund. In der ersten Zeit seines Wiener Aufenthaltes musste er in Konkurrenz treten mit den damaligen Lieblingsvirtuosen am Klavier und den Modekomponisten. Auch er schrieb Variationen über Opernweisen, wie sie damals beliebt waren. An diesen und besonders an anderen Kompositionen zeigt sich schon der höhere Ernst, erweist sich die stärkere Kraft. Werke und Autor erwerben sich die Sympathieen eines grösseren Kreises von Bewunderern, erregen den Enthusiasmus einzelner Verehrer. Auf den jungen Künstler, der in Bonn unter widrigen Umständen aufgewachsen war, wirkte das neue Leben in Wien erfrischend und beseligend. Gegenüber den mageren Verhältnissen der Kurfürstenstadt ist ihm das rege Treiben in der Kaiserstadt wie eine neue Welt. Dem an bescheidene Verhältnisse Gewöhnten erscheint sein Einkommen reichlich. „Meine Kompositionen bringen mir viel ein", berichtet er 1800 seinem Bonner Freund Wegeler. Der Ertrag bietet ihm sogar die Möglichkeit, andere zu unterstützen: „ . . . Es ist eine hübsche Sache, einem Freunde beispringen zu können; ich sehe einen in Not und mein Beutel erlaubt aber nicht, ihm gleich zu helfen, so darf ich mich nur zur Arbeit setzen und in kurzer Zeit ist ihm geholfen . . ." Beethoven gehörte zu jenen edlen Naturen, deren Wahlwort ist „Gieb stets mehr, als du empfängst"; er sagte von sich: „ich leiste meinen Freunden immer mehr, als ich verspreche". Je selbständiger sein künstlerisches Gehaben ist, desto empfindlicher wird ihm die Abhängigkeit von Verlag und Absatz seiner Werke. Sein Wunsch wäre es „von allen Sorgen um den Verkauf der Werke befreit zu sein und jemanden zu finden, der ihm ein bestimmtes Einkommen für sein Leben zahlte, wofür dieser das ausschliessliche Recht haben sollte, alles was er schreiben würde zu publizieren — und ich wollte nicht faul sein." Dem Künstler sollte nach Beethovens Plane die Möglichkeit geboten sein, seine Werke an eine Zentralstelle des Handels zu bringen und daselbst, aller kleinlichen Plackereien enthoben, seine Einkünfte zu beziehen. Er fand Gönner, die ihm jährliche Subventionen gaben für die Zeit, da er keine feste Anstellung fände. Nie dachte er ernstlich an die Annahme einer solchen. Die von ihm angestrebte Pfründe eines Hofkomponisten hätte ihm nur die Verpflichtung auferlegt, zu komponieren — eine Pflicht, die er auch ohne diese Würde treulich erfüllte. Das Ehrenamt blieb ihm versagt. Als er die ihm angebotene Stelle eines Kapellmeisters in Kassel ausschlug, garantierten ihm drei adelige Herren als Entschädigung eine Jahresdotation, die auch nach ihrer Verkleinerung durch den Staatsbankerott und durch andere störende Umstände ausgereicht hätte, Beethoven ein Existenzminimum zu bieten, wenn er es verstanden hätte, mit den realen Mächten so zu rechnen, wie er die idealen beherrschte. Dieses gesicherte Jahreseinkommen kam gerade im richtigen Momente, als die Einkünfte der ersten Zeit seines Wiener Aufenthaltes immer mehr nachliessen. Als junger Mann konnte er durch Unterricht seinen Verdienst mehren. Er konnte sich die Gunst manches aristokratischen Kunstfreundes dadurch erwerben, dass er in den Abendgesellschaften spielte, improvisierte. Er nahm die Wohnung und Verpflegung von einem seiner adeligen Freunde. Mit dem zunehmenden Gehörübel, mit der fortschreitenden Vertiefung seiner Innerlichkeit wurde er immer mehr auf sich gestellt, entfremdete er sich stetig dem gesellschaftlichen Verkehr. Er mied jedwede soziale Abhängigkeit und wollte nur in einer Richtung die Selbstbeherrschung anerkennen: im Dienste seiner Kunst. In seiner Arbeit zügelte er seinen Geist. Bar aller äusseren Fesseln meisterte er seinen Gedankenflug. Er meisselte und griffelte, wurde nicht müde im Entwerfen und Skizzieren und bearbeitete immer sorgfältiger die Materie. Je grösser die Mühe und Sorgfalt, desto sicherer war das Ergebnis im Schaffen Beethovens. Durch Dienstübung erhob er sich zum Herrn und Gebieter. Was konnte ihm der Verkehr in der Salonwelt bieten? Die Unterordnung unter die konventionellen Normen wurde ihm zur Qual. Die Kreise, in denen er verkehrte, gewährten ihm gastliche Aufnahme, aber keine Befriedigung. So gross auch die Zahl der Männer und Frauen war, die ihm anhingen, so wenige Freunde hatte er in dem Sinne, wie er Freundschaft auffasste. „Der Grund der Freundschaft heischt die grösste Ähnlichkeit der Seelen und Herzen der Menschen", sagt er. Dem ringenden Titanen waren die Leute seiner Umgebung „zu schwach zur Freundschaft". Sie können, wie er in einem Briefe an den Jugendgenossen Amenda schreibt, „nie Zeugen sein meiner inneren und äusseren Thätigkeit, ebensowenig können sie wahre Theilnehmer von mir werden."

In jüngeren Jahren fühlte er sich hingezogen zu dem Adelskreis, in dem vornehmer Ton und feine Sitte herrschten. Es war die Anziehung des Kontrastes: er, der Unbändige, zu dem seit der Kindheit gezügelten Menschen der Etikette. „Mit grossmütterlicher Liebe hat man mich dort erziehen wollen und die Fürstin Christiane (Lichnowsky) hätte eine Glasglocke über mich machen lassen wollen, damit kein Unwürdiger mich berühre." Unter den Frauen, die tiefere Neigungen in ihm erweckten, stehen die aristokratischen Damen obenan. Zu ihrer aller Ehre sei es gesagt, dass ihre Teilnahme und freundlich-liebevolle Behandlung manch trübe und bange Stunde dem leidenden Tondichter verscheuchte. Gar manche adelige und bürgerliche Frau stellte sich ihm schützend zur Seite — in einem Seelenbündnis auf Zeit, nicht auf Dauer. Denn dies hätte weder der damaligen Lebensauffassung der Aristokratie, noch auch dem Wesen Beethovens entsprochen. Er musste frei von allem Zwange bleiben. Die Ehe war ihm zu heilig; er mochte sich nicht der Gefahr aussetzen, sie möglicherweise als etwas Unheiliges kennen zu lernen. Im Kreise der Aristokraten hatte sich der junge Beethoven eine Zeit lang wohlgefühlt. „Mit dem Adel ist gut umgehen, aber man muss etwas haben, womit man ihm imponiere." Als Ritter des Geistes fühlte er sich auch sozial in gleicher Stellung mit den Rittern von Geburt. Er errang dem modernen Künstler die Gleichberechtigung nicht nur im bürgerlichen Leben, sondern auch in den höheren Gesellschaftsschichten. Geleitet von den Ideen der französischen Revolution, erkannte er, dass dasjenige, was er seinen Genossen bieten konnte, über der Gegenleistung stände. Diese seine Überzeugung vermochte er den Anderen wenigstens so weit beizubringen, dass die Gleichwertigkeit anerkannt wurde. Der siebenundzwanzigjährige Beethoven hatte sich eine gesellschaftliche Stellung errungen, wie sie vorher nur ausnahmsweise von Künstlern wie Gluck, Händel auf dem Zenith ihres Ruhmes erreicht wurde. Beethoven hätte es wohl nicht über sich gebracht, sich so zu unterfertigen, wie einst sein Vater in Bonn: „Eurer Kurfürstlichen Gnaden unterthänigster Knecht und Musikus Jean von Beethoven." Haydn beobachtete zeitlebens gegenüber den Aristokraten eine dienende Haltung, wie sie der Tradition, dem Herkommen seiner Angewöhnung entsprach.

Beethoven bildete damals in den musikalischen Abendgesellschaften der hohen Adeligen die grosse Künstlerfigur. Er erteilte manchen vornehmen Damen Unterricht, ohne ein Honorar zu nehmen. Sein Künstlerstolz gestattete dies nicht in Fällen, wo persönliche Beziehungen zwischen Lehrer und Schülerin bestanden. Er betrachtete dann seine Einführung in die Kunst als Gabe, die er der Freundschaft brachte. Die Schülerinnen konnten sich nur erkenntlich zeigen mit Geschenken, die sie als Arbeiten ihrer Hand dem Meister darboten. Dieser erwidert dann diese Aufmerksamkeiten mit Widmungen von Klavierkompositionen. In den Quittungen der von dem Erzherzog Rudolf entrichteten Raten der Lebensrente wird des Rechtstitels, woraus sie entsprungen, gar nicht Erwähnung gethan. Der Erzherzog kannte seinen Liebling, mochte aus Zartsinn jede Bemerkung unterdrücken, welche den empfindlichen Meister verletzen konnte. Dass Beethoven den Unterricht in Theorie, im strengen Satz, den er im reifen Mannesalter dem Erzherzog zu erteilen hatte, als schwere Last empfand, darf nicht verwundern. Er, der schon als Knabe in Bonn Lektionen gern ausfallen liess, wollte zeitlos leben, ohne Uhr und in späteren Jahren ohne Kleiderzwang. Dieser Lehraufgabe unterzog er sich zu der Zeit, als die Lebensrente von den drei Donatoren, dem Erzherzog Rudolf, den Fürsten Kinsky und Lobkowitz zu dem Zwecke gestiftet wurde, damit Beethoven „in den Stand gesetzt sei, sich ganz der Komposition zu widmen und daher nicht zu anderen Verrichtungen verwendet werde". Er findet sich gleichwohl bereit, dem Erzherzoge „aufzuwarten". Die zahlreichen Briefe ob des Ausfalles einzelner Stunden liessen die innere Unlust des Lehrers ahnen, wenn auch der Grund der Entschuldigung verschieden angegeben wird. Beethoven ehrt und schätzt seinen Gönner „als einen der wertesten Gegenstände im Universum". An der Aufrichtigkeit dieser Worte sollte nicht gezweifelt werden. Mit Freimut fährt Beethoven in dem gleichen Briefe fort: „Bin ich auch kein Hofmann, so glaube ich, dass Ihre kaiserliche Hoheit mich haben so kennen gelernt, dass nicht blosses kaltes Interesse meine Sache ist, sondern wahre innere Anhänglichkeit mich allezeit an Höchstdieselben gefesselt und beseelt hat und ich könnte wohl sagen, Blondel ist längst gefunden und findet sich in der Welt kein Richard für mich, so wird Gott mein Richard sein . . . ." — ein Vergleich, welcher durch Grétrys Oper „Richard cœur de lion" angeregt sein dürfte. Beethoven schätzt seinen Schüler als tüchtigen Komponisten. Mit einer selbst bei der Arbeitsart Beethovens nicht gewöhnlichen Sorgfalt und Hingebung komponiert er zur Inthronisation des Erzherzogs als Erzbischof von Olmütz jenes Werk, das während der Arbeit zu kolossalen Dimensionen anwächst, die Missa Solemnis. Sie trägt nebst acht anderen Werken den Namen des Erzherzogs. Zu diesen Widmungen gehören zwei Klavierkonzerte, zwei Sonaten (deren eine opus 81a die Empfindungen beim Abschied vom Freunde, während der Abwesenheit und bei der Wiederkehr desselben in den drei Abteilungen zum Ausdruck bringt, die andere op. 106 „für das Hammerklavier" ist die grösste Sonate Beethovens), die Klavierviolinsonate op. 96, die vom Erzherzog und dem Geiger Rode in einer Gesellschaft beim Fürsten Lobkowitz gespielt wurde, und die grosse Quartettfuge — also Werke, die zum Allervollendetsten der Kunst Beethovens gehören. —

In solchen Widmungen werden die persönlichen Beziehungen Beethovens zu den Dedikaten öffentlich bekundet. Die namentliche Zueignung von Werken war bei Beethoven entweder ein Akt der Freundschaft oder der Dankbarkeit; in einigen Fällen widmete er ein oder das andere Werk in Anhoffung eines Vorteiles. Die Behauptung Thayers, dass Beethoven seine bedeutenderen Werke regelmässig an Personen gerichtet habe, von denen er Unterstützungen an Geld empfangen hatte oder zu empfangen hoffte, ist übertrieben und widerspricht seinen Äusserungen. In einem Briefe an den Grafen Moritz Lichnowsky, welcher der Dedikation seiner Sonate opus 90 vorangeht, sagt Beethoven, dass die Widmung nicht „durch ein Interesse oder überhaupt etwas dergleichen hervorgebracht worden sei . . . . keines neuen Anlasses braucht es, um Ihnen meine Gefühle für Ihre Freundschaft und Wohlwollen öffentlich darzulegen — aber mit irgend nur etwas, was einem Geschenke ähnlich sieht, würden Sie mir Weh verursachen, da Sie alsdann meine Absicht gänzlich misskennen würden und alles dergleichen kann ich nicht anders als ausschlagen". Zur gleichen Zeit, in welcher er durchaus nicht im Wohlstande lebte, sondern Sorgen aller Art zu tragen hatte, widmet er das Quartett opus 95 dem Hofsekretär Zmeskall von Dannanowicz mit folgendem Begleitschreiben: „Hier lieber Zmeskall erhalten Sie meine freundliche Widmung, die ich wünsche, dass Ihnen ein liebes Andenken unserer lange waltenden Freundschaft seyn möge und als ein Beweis meiner Achtung aufzunehmen und nicht als das Ende eines schon lange gesponnenen Fadens (denn Sie gehören zu meinen frühesten Freunden in Wien) zu betrachten . . . ."

Überblickt man die grosse Zahl seiner Widmungen (119 an 76 Personen), so findet man darunter fast alle seine Gönner und Freunde — aber gerade zwei, die ihm persönlich am nächsten standen, die getreuen Bonner Amenda und Wegeler, sind nicht darunter. Bei ihnen bedurfte die seelische Gemeinschaft wohl nicht eines äusseren Zeichens, einer dedikatorischen Manifestation. Die Dichter Goethe, Matthisson, Collin, der Schriftsteller Sonnenfels, die Musiker Haydn, Salieri, Stadler, Spohr, Kreutzer und andere erhalten Widmungen zur Bezeugung künstlerischer Zusammengehörigkeit und sympathischen Interesses. Eine grosse Zahl seiner Freunde und Verehrer ist bedacht. Die Widmungen an gekrönte Häupter, wie die deutschen Kaiserinnen Maria Theresia (das Septett) und Maria Ludowika, den Czar Alexander I., die Czarin Elisabeth Alexiewna, die Könige von Preussen Friedrich Wilhelm II. und III. (letzterem die IX. Symphonie), den König Josef von Bayern, ferner an den Prinzregenten Georg August Friedrich von England und den Kurfürst Maximilian Friedrich von Köln, diese Widmungen entstanden nicht so sehr aus persönlichen Rücksichten als vielmehr wegen materieller Gründe. In näheren, mehr oder weniger engen Beziehungen stand der Komponist zu all den fürstlichen Persönlichkeiten, die wie Erzherzog Rudolf auf den Titeln seiner Werke als Dedikaten stehen: Prinz Louis Ferdinand von Preussen, Fürst und Fürstin Lichnowsky und Kinsky, Fürstinnen Esterhazy (geb. Liechtenstein) und Liechtenstein (geb. Fürstenberg), die Fürsten Galitzin, Lobkowitz, Radziwill, Rasumowsky, Schwarzenberg. Sie bethätigten sich in der Musik, einige ausübend, andere als Tonsetzer. Mit ihnen verkehrte und musizierte Beethoven im häuslichen Kreise — mit den Fürsten und Fürstinnen als Fürst der Tonkunst. Im Hause des Fürsten Lichnowsky war er völlig als Mitglied der Familie angesehen und behandelt. Überall brachte er seine künstlerische und moralische

Kraft zur Geltung und schonte nicht die Empfindlichkeiten der Grossen.
Schindler, einer der frühesten Biographen Beethovens, der noch sein Famulus
war, kennzeichnete dies mit den Worten: „Der zu geringe Grad von Nach-
sicht für die mancherlei Bizarrerieen und Gebrechen der höheren Gesellschaft,
ferner seine Anforderungen bei Kunstgenossen hinsichtlich mehrseitiger Bildung,
gab Anlass zu Verläumdungen und Anfeindungen aller Art."

In der Reihe der Dedikaten finden sich einige Damen und Herren der
Aristokratie, mit denen Beethoven in intimen freundschaftlichen Beziehungen
stand: die Gräfinnen Browne, Brunswick, Clary, Deym, Erdödy, Guicciardi,
Hatzfeld, Keglevich, Lichnowsky, Thun, Wolff-Metternich, die Baroninnen
Braun und Ertmann — aus deren Gallerie Beethoven manch Bild innig ver-
ehrte und liebte. Seinen Empfindungen lieh er dann gelegentlich in einem
oder dem anderen der dedizierten Werke Ausdruck; die der Komtesse Keglevich
gewidmete Sonate opus 7 erhielt den Beinamen „die Verliebte". Mancher
Liebesroman erwies sich nach strenger kritischer Prüfung als erdichtet. Von
den aristokratischen Freunden und Gönnern sind als Dedikaten zu nennen:
die Grafen Browne, Brunswick, Fries, Lichnowsky, Oppersdorf und Waldstein.
Der letztgenannte erkannte schon in Bonn das Genie seines Freundes und
wies auf die hohe Mission Beethovens als geistigen Nachfolger von Haydn
und Mozart. Graf Waldstein verdient eigentlich das Attribut eines ersten
Maecenas von Beethoven. Der Künstler gab später diese Bezeichnung dem
Grafen Browne in dem Zueignungsschreiben der 1798 erschienenen Trios
opus 9: „Monsieur, l'auteur, vivement pénétré de Votre munificence aussi délicate
que libérale, se réjouit, de pouvoir le dire au monde, en Vous dédiant cette
œuvre. Si les productions de l'art, que vous honorez de Votre protection en
Connaisseur, dépendaient moins de l'inspiration du génie, que de la bonne vo-
lonté de faire son mieux: l'auteur aurait la satisfaction tant désirée, de pré-
senter au premier Mécène de sa Muse, la meilleure de ses ouvres."
Fürst Lichnowsky hätte damals wohl grösseren Anspruch auf diesen Ruhmes-
titel gehabt; er konnte und mochte sich damit zufrieden geben, dass er Beethoven als Freund näher gestanden hatte. Gerade zu jener Zeit scheint eine
Störung des Verhältnisses eingetreten zu sein. Es wäre nicht unmöglich, dass
Beethoven mit diesem an Browne gerichteten offenen Schreiben gegen Lichnowsky demonstrieren wollte. Sein rasch aufbrausendes Temperament ver-
leitete ihn nur zu leicht zu solch unüberlegten Handstreichen. Dem Bonner
Freunde Grafen Waldstein erwies sich Beethoven später (1805) erkenntlich
durch die Widmung jener Sonate, die seinen Namen trägt. Auch für den
Fürsten Lichnowsky folgen noch weitere Widmungen, die 1804 mit der
zweiten Symphonie ihren zeitlichen Abschluss finden. Von Wiener Persönlichkeiten finden wir unter den Dedikaten noch die Barone Gleichenstein,
Pasqualati, Stutterheim und Van Swieten, dann den kunstbegeisterten Tuch-
händler J. Wolfmayer, der mit gerechtem Stolze erzählte, dass er einer der

ersten in Wien gewesen sei, der Beethovens Wert erkannte, Beethovenianer
war und blieb. Wolfmayer stand dem Künstler auch in den letzten Jahren
seines Lebens mit Opfermut bei, zu einer Zeit, da ein Teil seiner aristokratischen
Freunde und Gönner „verdorben, gestorben" war, während andere sich von
dem Künstler zurückgezogen hatten, sobald Beethoven ihren musikalischen
Soireen ferngeblieben war. Dem hohen Fluge seiner Phantasie konnten nur
wenige folgen. Einsam wurde es um ihn. Selbst denjenigen, die in seiner
Umgebung blieben, von den Strahlen seines Geistes gestreift sein wollten, kam
der innere Wert seiner letzten Werke nicht klar zum Bewusstsein. Die
Künstler, die sie spielten oder zu spielen versuchten, konnten sich kaum
technisch derselben bemächtigen. Wie sollte man da von den Menschen,
denen Kunst mehr oder weniger nur ein Spiel der Unterhaltung ist, eine
wahre Schätzung der geistigen Grösse Beethovens in seiner letzten Schaffens-
periode erwarten! Die sich immer mehr erhebende Höhe seines Fluges ent-
fernte sich stetig von dem in der Gesellschaft herrschenden Geiste. Es ist
erfreulich, zu sehen, dass unter den Dedikaten der letzten Werke neben dem
Fürsten Galitzin, welcher von Beethoven Quartette erbeten hatte, „Freund
Johann Wolfmayer" steht. Ihm ist das letzt erschienene Quartett opus 135
F-dur gewidmet. Die Familien Brentano in Frankfurt a. M. und Breuning in
Bonn waren in früherer Zeit in gleicher Gesinnung bedacht worden. Mit
ihnen sei die Übersicht über die Widmungen geschlossen; erwähnenswert wären
noch die Zueignungen verschiedener Scherzkanons, die an einzelne Freunde,
Musiker, Verleger gerichtet waren, sowie Widmungen an seine Hausärzte,
denen er sich erkenntlich zeigen wollte.

Die Reihe der Persönlichkeiten, denen Beethoven Werke widmete, bietet
somit eine fast vollständige Übersicht über seine Gönner und Freunde. Sie
repräsentieren einen Teil der Musikgesellschaft, welcher Beethoven den persönlichen Attribut zollte. Mit seinen Werken wandte er sich an die ganze
Kunstwelt, mit den Titeln an einzelne Vertreter derselben. Die Vorstellungen
von Gönner, Verehrer und Freund verschmelzen ineinander bei den meisten
Namen der Persönlichkeiten, denen die Werke gewidmet sind. Wie sowohl
die 5. und die 6. Symphonie je die Namen zweier Gönner tragen, der Fürsten
Lobkowitz und Rasumowsky, wie die Eroica, welche ideell dem grossen Na-
poleon zugeeignet war, dem Fürsten Lobkowitz dediziert wurde, wie die im
Auftrage einzelner Besteller komponierten Werke vorerst an diese gerichtet,
sich an die Allgemeinheit wenden, so greifen Gönnerschaft, persönliche Anhänglichkeit, Kunstbegeisterung beim Spender und Empfänger ineinander über. Der
Künstler wird der Donator: mit der Widmung beschenkte er den Dedikaten,
mit dem Werke die ganze Kunstgemeinde seiner gläubigen Verehrer und Freunde.

Durch die Aufführung seiner Werke vollzieht er vielfach Akte der
Wohlthätigkeit: das Kunstwerk wird ein Mittel der Barmherzigkeit. Die
Erträgnisse mancher mit so vieler Mühe und Plackerei veranstalteten Akademieen

überweist er den Witwen- und Waisensozietäten; er überlässt einzelne Werke zur Aufführung in Künstlerkonzerten, zum Besten der Witwe Mozarts, für die Gesellschaft der bildenden Künstler. Dem Veranstalter einer Wohlthätigkeitsakademie in Graz teilt er seine Befriedigung in den rührenden Worten mit: „... Ich weinte Freudenthränen über den guten Erfolg meines schwachen guten Willens. Die ehrwürdigen Erzieherinnen der Kinder (Salesianerinnen) werden den wärmsten Teilnehmer an mir finden, wo immer meine geringen Fähigkeiten hinreichen, ihnen dienen zu können ..." (8. Mai 1812), „... wie allzeit der dienenden Menschheit, so lange ich atme". Er würde es als Kränkung empfinden, wenn „meine Bereitwilligkeit zu dienen, einer gewissen Eitelkeit oder Ruhmsucht zugeschrieben würde ..." (19. Juli 1812). „Nie von meiner ersten Kindheit liess sich mein Eifer, der armen leidenden Menschheit mit meiner Kunst zu dienen, mit etwas anderem abfinden und es braucht nichts anderes als inneres Wohlgefühl, das dergleichen immer bereitet." Beethoven will auch vom Ertrage einer zweiten Akademie, die in Graz mit neuen Werken seiner Muse veranstaltet wurde, nichts annehmen — wohl aber würde er „etwas von einem reichen Dritten nicht abschlagen". Den Reichen hielt er moralisch für verpflichtet, für die Kunst einzutreten, die Künstler zu fördern. Wie der Künstler seine Begabung und Kraft in den Dienst der Kunst, der Menschheit stellt, wie er die Gabe der Natur in rastloser Arbeit verwenden soll, so erwartet er von den Mächtigen und Bemittelten, dass sie „aufgeklärte Beförderer und Beschützer der Tonkunst seien" (Briefkonzept von 1822). Die Gönner finden ihren Lohn in dem erhebenden Bewusstsein, nicht nur die Bedingungen der Existenz des Künstlers erleichtert, sondern auch Dasein und Fortgang der Kunst gefördert zu haben. Das materielle Gut der Gönner wird durch die richtige Verwendung metamorphosiert zum ideellen Gut.

Beethoven sah die Gönnerschaft als Erfüllung einer gerechten Forderung des Künstlers an. Wer seine Kunst liebte und in diesem Sinne handelte stand ihm nahe, sei es als Gönner, Verehrer oder Freund. Wir Kinder einer neuen Zeit haben seine Kunst tiefer erkannt, als es seinen Zeitgenossen vergönnt war. Derjenige, welcher von dem Gehalt der Werke Beethovens erfüllt ist und auch den Künstler seiner Zeit so schätzt, achtet und fördert, wie Beethoven dies der Würde seiner Künstlerschaft geziemend erachtete, wirkt im Geiste Beethovens. Ihm reichte Beethoven seine Hand mit dem innigen Rufe: „Du bist mein Freund, Du wurdest ein wahrer Theilnehmer meiner inneren und äusseren Thätigkeit ..."

VERZEICHNIS

der

in allen Kulturländern im Jahre 1900 erschienenen

Bücher und Schriften über Musik.[1]

Mit Einschluss der Neuauflagen und Übersetzungen.

Von

Emil Vogel.

*Die mit einem * versehenen Werke wurden von der Musikbibliothek erworben.*

Lexika und Verzeichnisse.

Baker, Theod. Biographical dictionary of musicians. New York, Schirmer. — 8°. VI, 653 S. Doll. 3,50.

Catalogue général des œuvres dramatiques et lyriques faisant partie du répertoire de la Société des auteurs et compositeurs dramatiques. Catalogue récapitulatif, contenant tous les ouvrages représentés du 1er janv. 1889 au 31 déc. 1898 (XIIme période décennale de la nouvelle Société). Paris, impr. Morris. — 8°. 175 S.

Challier, Ernst. * Grosser Männergesang-Katalog nebst Nachtrag I. Giessen, Selbstverlag. — 4°. 618 S. .ℳ 32,40.

Challier, Ernst. * Grosser Lieder-Katalog, Nachtrag 8. Giessen, Challier. — 4°. (S. 1572—1671.) .ℳ 6.

Choate junr., Joseph M. Harmonic Literature. (The Nineteenth Century, No. 276. Febr. 1900.) London, Sampson Low, Marston & Co. Ltd. — Fol. 2 s. 0 d.

Curzon, Henri de. Essai de classement d'une bibliographie musicale. Besançou, impr. Jacquin. — 8°. 7 S.[1]

Deakin, Andrew. Outlines of musical Bibliography. Part I. Birmingham, Andrew Deakin. — 8°.

Decreta authentica Congregationis Sacrorum Rituum. Vol. III. Romae, ex typogr. S. C. de propaganda fide. (Regensburg, Pustet.) — 8°.

Edition Peters. Katalog der Edition Peters.

Eitner, Rob. * Biographisch-bibliographisches Quellen-Lexikon der Musiker und Musikgelehrten der christlichen Zeitrechnung bis zur Mitte des 19. Jahrh. 1., 2., 3. Bd. Leipzig, Breitkopf & Härtel. — 8°. Je 480 S. .ℳ 26.

Eschmann, J. C. * Wegweiser d. d. Klavier-Litteratur, 5. Aufl. s. im vorigen Jahrgange S. 77.

Fuchs, Julius. Critique des Œuvres. Vol. I: Compositeurs de Bach jusqu'à nos jours. Leipzig (Hofmeister). — 8°. .ℳ 6.

Galpin, F. W. * and others. Musical Instruments and Memorials of Musicians. Being the Catalogue of the International Loan Exhibition, Crystal Palace, from July till Nov., 1900. Also Abstracts of Lectures delivered by S. F. Jacques, W. H. Cummings and the Rev. F. W. Galpin. London, published at the Office of the „Musical News". — 8°. 91 S. s. l.

Guide officiel du grand concours international de chant d'ensemble organisé sous les auspices du gouvernement . . . Bruxelles, L. G. Laurent. — 8°. 108 S. fr. 0,50.

---

[1] Abgedruckt im „Guide de l'Amateur d'Ouvrages sur la Musique, les Musiciens et le Théâtre". Paris, Fischbacher (1900).

---

[1] In Russland, Dänemark und Schweden erschienene Werke verdanke ich den Mitteilungen der Herren P. Jurgenson in Moskau, Nic. Findeisen in Petersburg, Prof. Dr. Hammerich in Kopenhagen und Dr. Lindgren in Stockholm.

Jahrbuch 1900. 6

Hardemann, J. J. Pianist's Vade-Mecum. Dictionary of musical Terms, Signs, Abbreviations. London, Deacon. — 8°. 64 S. s. 2.

Hofmeister, Frdr. Handbuch der musikalischen Literatur oder Verzeichnis der im deutschen Reiche, in den Ländern deutschen Sprachgebietes, sowie der für den Vertrieb im deutschen Reiche wichtigen, im Auslande erschienenen Musikalien, auch musikal. Schriften, Abbildungen u. plast. Darstellungen mit Anzeige der Verleger und Preise. In alphabet. Ordnung mit systematisch geordneter Uebersicht. 11. Bd, od. 8, Ergänzungsbd. Die von Anfang 1892 bis Ende 1897 neu erschienenen und neu aufgelegten musikal. Werke enth. Leipzig, F. Hofmeister. — gr. 4°. VIII, 319 und 1040 S. ℳ 92.

Hofmeister, F.° Verzeichniss der im J. 1896 erschienenen Musikalien, auch musikal. Schriften und Abbildungen mit Anzeige der Verleger und Preise. 45. Jahrg. od. 8. Reihe 2. Jahrg. Leipzig, Hofmeister. — 4°. IV, 66, 214 S. ℳ 22.

Katalog° der Edition Peters. Leipzig. C. F. Peters. IX S. (m. einem Beethoven-Briefe in Fksm.) 267 u. 20 S.¹) ℳ 3.

Kidson, Frank.° British Music Publishers, Printers and Engravers... from Queen Elizabeth's Reign to George the Fourth's. London, Hill & Sons. — 8°. 231 S. s. 6.

Kothe, Bernh. Musikalisch-liturgisches Wörterbuch. Breslau, Franz Goerlich. — 8°. 167 S. ℳ 1,60.

Lacál, Luisa. Diccionario de la música; técnico, histórico, bio-bibliográfico. (Primer premio de la Escuela Nacional di Música.) Madrid, tip. de San Francisco de Sales. — Fol. VIII, 680 S. Pes. 25.

London. British Museum.° Catalogue of Music. Accessions. Part XI. By Order of the Trustees. London, printed by William Clowes and Sons, Limited. — 4°. 572 S.

¹) Anhang. Thematisches Verzeichniss von Clementi (Sonaten), Haydn (Quartette, Sinfonien, Sonaten, Trios), Kreutzer (Concerte für Violine), Mozart (Quartette, Quintette, Sinfonien, Sonaten, Klavierstücke, Trios), Rode (Concerte für Violine, Sonaten-Album, Sonatinen-Album, Violin-Concerte (Kreutzer, Rode, Viotti).

Mahillon, Victor Charles.° Catalogue descriptif & analytique du Musée instrumental (historique et technique) du Conservatoire royal de musique de Bruxelles. Vol. III. Gand, Hoste. — 8°, 524 S. Mit zahlreichen Instrumenten-Abbildungen und Notenbeispielen. fr. 5.

Médailles° concernant la musique et le théâtre... Paris, Baer. — 8°. 21 S.

L'Ouvreuse du cirque d'été. Garçon, l'audition!¹) Paris, H. Simonis Empis. **Parent, Hortense.** Répertoire encyclopédique du Pianiste, analyse raisonnée d'œuvres choisies pour le piano, du XVI° au XX° siècle. Vol. I: Auteurs classiques. Paris, Hachette & Co. — 8°. XV, 311 S. fr. 3,50.

Piumati, G. Musikalisches Fremdwörterbuch. Stuttgart, Grüninger. — 16°. 61 S. ℳ 0,30.

Preobraschensky, Ant. Verzeichnis der Bücher, Broschüren und Aufsätze in Zeitschriften über den Kirchengesang. 2. Aufl. (Russ. Text.) Moskau, Selbstverlag. — 16°. 64 S.

Riemann, Hugo.° Musik-Lexikon. 5. Aufl. s. im vorigen Jahrgange S. 78.

Sacchetti, Liborio. Kleine historische Musik-Chrestomathie von den frühesten Zeiten bis zum Ende des XVII. Jahrh. Mit einem Appendix über die spanische Schule. 2. vermehrte Aufl. (Russ. Text.) St. Petersburg. — 4°. III, 491 S. 3 Rubel, 50 Kop.

Schœnewerk, L. Le Panthéon des musiciens. Tableau chronologique et nécrologique des plus remarquables compositeurs, théoriciens, professeurs, écrivains, chanteurs, cantatrices, virtuoses, chefs d'orchestre, luthiers et facteurs d'instruments qui ont vécu depuis le IV° siècle jusqu'à nos jours. Nice, Decourcelle. — 8°, 88 S. fr. 2.

Schultz, Ferdinand.° Der ältere Notenschatz des Kaiserin Augusta-Gymnasium. (Programm No. 70.) Charlottenburg, Buchdruckerei „Gutenberg." — 4°. S. 11—24.

Stainer & Barrett's. Dictionary of musical Terms. Revised and edited by Sir John Stainer. London, Novello. — 8°. 468 S. 7 s. 6 d.

¹) Ein Verzeichnis der Pariser Musikaufführungen vom Jan. 1870 bis Febr. 1890.

Tottmann, Albert. Führer durch den Violin-
unterricht. 2. Band. Leipzig, J. Schuberth
& Co. — 8°. XVI, 411 S.

Vereinskatalog. Alphabetisches und sach-
liches Generalregister zu No. 2101—2500
des Caecilienvereinskataloges. Regensburg,
Pustet. — hoch 4°. 22 S. ℳ 0.25.

Periodische Schriften.

An dieser Stelle werden nur die jährlich einmal erscheinenden Publikationen, die neuen, sowie die bisher
noch nicht erwähnten Zeitschriften aufgeführt. Für alle übrigen vergleiche man die Jahrgänge II, S. 62 ff.,
III, S. 77 ff., IV, S. 80 ff., V, S. 77 ff., VI, S. 79 ff.

Almanach des Spectacles...Vol. XXVIII:
Année 1899. [Publié par Albert Soubies.]
Paris, Flammarion. — 32°. 154 S. fr. 5.

Les Annales du Théâtre et de la Musique
(25e Année: 1899). par Edmond Stoullig.
Paris, Ollendorff. — 16°. XXIX, 424 S.
fr. 3,50.

Annuaire des Artistes . . . 14me Année:
1900. Dir.: Émile Risacher. Paris, rue
Montmartre 107. — 8°. 1372 S. fr. 7.

Annuaire (IXe) de l'Association des
auteurs dramatiques et chansonniers wallons.
Liège, impr. Gothier. — 12°. 72 S.
fr. 0,50.

Annuaire du Conservatoire royal de musique de Bruxelles. 24e année. Gand,
Ad. Hoste. — kl. 8°. 288 S. fr. 2.

Annuaire de la Société des Compositeurs
de musique. Paris, Pleyel. — 8°.

Annuario dell' arte lirica e coreografica
italiana. IIa Annata: 1898—99, per
G. A. Lombardo. Milano, tip. degli
Operai. — 8°. XV, 279 S. L. 6.

Annuario del r. conservatorio di musica di
Parma per l'anno scolastico 1898—99;
anno II. (Relazione del direttore Giovanni Tebaldini sull' andamento del conservatorio durante l'anno scolastico 1898
—99.) Parma, stab. tip. lit. Luigi Battei.
— 8°. 85 S.

Annuario del r. istituto musicale di Firenze
(anno I) e atti dell' accademia (anni XXXI
—XXXV). Firenze, tip. Galletti e Cocci
(1899). — 8°. 250 S.

Annuario scolastico del liceo musicale Rossini
di Pesaro pel 1898—99 (anno XVII).
Pesaro, stab. tip. lit. Annesio Nobili. —
8°. 89 S.

Annario de la Escuela Nacional de Música
y Declamación. Año VI. 1899—1900.
Madrid, impr. Ducazcal. — 4°. 48 S.
Non se ha puesto á la venta.

Bijou-Concert, journal bimensuel international des théâtres, concerts . . . 1re
Année (No. 1: 15—30 nov. 1899.) Saint-
Etienne (Loire), 31, rue de la Préfecture.
— gr. 4°. fr. 10.

Bolletino bibliografico musicale delle più
recenti novità musicali di Francia, di
Germania e d'Italia, compilato per cura
di Marcella Capra. Anno I (no 1: ottobre
1899). Torino, tip. Pozzo. — 8°. Si
pubblica non meno di tre volte all' anno.

Bühnen-Kalender für das Jahr 1901.
Taschenbuch für alle Bühnen-Angehörige,
herausgegeben . . . von Georg Elsner.
Berlin, Otto Elsner. — 12°. X, 158 S. ℳ 2.

Bühnen-Spielplan, Deutscher —. Theater-
Programm-Austausch. 1899/1900. (Vom
Anfang Aug. 1899 — Ende Aug. 1900.)
Leipzig, Breitkopf & Härtel. — 8°. VII,
738 S. 12 Nummern, ℳ 12.

Bühne und Welt. Zeitschrift für Theater-
wesen, Litteratur und Kunst. Schrif-
leitung: Heinr. Stümcke. 2. Jahrgang.
Oktbr. 1899 — Septbr. 1900). Berlin,
Elsner. — 8°. 24 No. ℳ 12.

Bulletin bibliographique musical de la
Belgique, rédigé par Alfred Wotquenne . . .
et Gustave Katto . . . Paraît au moins
tous les six mois. 1re année: 1900.
Bruxelles, Katto (52, rue de l'Écuyer). —
8°. 2 Hefte.

Cäcilienvereinsorgan. 35. Jahrgang der
v. Fr. Xav. Witt begründeten Monatsschrift Fliegende Blätter für kath. Kirchenmusik. Herausgeber: Fr. X. Haberl.
Regensburg, Pustet. — 8°. 12 No. ℳ 3.

Les Chefs de Musique et les Musiciens.
Dir.: A. J. Denarsay. Paris, 52 faubourg
Montmartre. (1re livr. Oct. 1899.) —
4°. fr. 14.

6*

Le Cronache musicali. Rivista illustrata. Anno I. (No. 1: 1°. gennaio 1900.) Roma, Voghera (Corso d'Italia 31). — Fol. L. 15. Si pubblica ogni 10 giorni.

Directory, The musical —. Annual and Almanach for 1900,1901 (18th-49th annual issue). London, Rudall. — 8°. s. 3.

Directory, Reeves' musical — of Great Britain and Ireland for 1900—1901. London, Reeves. — 8°. 3 s. 6 d.

l'Echo artistique, journal international des théâtres, concerts... paraissant le samedi. 1re Année. (No. 1: 19 août 1899.) Havre, Pollet. — 4°. fr. 10.

Il Frescobaldi, un periodico mensile di Musica sacra. Roma, van den Eerenbeemt (Via Clementino 92). — Fol. 1. 15.

Gesangskunst,° Deutsche — Fachzeitschrift für Sänger, Gesanglehrer und Gesangbeflissene. 1. Jahrgang (No. 1: Okt. 1900.) Herausgeber: Bruns-Molor. Leipzig, Carl Merseburger. — Fol.° Erscheint monatlich zweimal. .# S.

La Gazette universelle des concours, organe bimensuel de tous les concours (peinture, poésie, musique etc.). 1er Année (No. 1: 1er déc. 1899). Toulouse, impr. de Centre. — Fol. fr. 3.

Guide bibliographique des organistes et des maîtres de chapelle, trimestriel. 1re Année (No. 1: Janv. 1900.) Arras, impr. Sueur-Charruey. — 4°.

L'Harmonie. Journal musical. Paraissant le 1er de chaque mois. 1re année, 1900 —1901. Réd.: 7 rue du Poinçon, Bruxelles. — 4°. fr. 3,10.

„Harmonie"-Kalender. Violine „zur Begleitung" durch das Jahr 1901: (Ausgestanzt in Form einer Violine.) Berlin, „Harmonie". — Fol. 39 S. mit Abbildungen. .# 1.

Harmonika-Zeitung, Deutsche —. Red.: Willy Böttger. Jahrg. 1 (No. 1: Jan. 1900.) Leipzig, W. Böttger. — Fol. 12 No. .# 2.

Das Harmonium. Zeitschrift für Harmonium-Spiel, -Bau und -Litteratur mit Berücksichtigung der Orgel und verwandter Instrumente. 1. Jahrg. 1900-1901. Erscheint am 15. jeden Monats mit je einer Musikbeilage. Leipzig, Breitkopf & Härtel (Expedition u. Kommissionsverlag). Geschäftsstelle in Weimar, Schillerstr. 14, 1.

Haus- und Familien-Kalender, Bolls — für 1901. 13. Jahrg. Berlin, Boll & Pickardt. — 4°. VI, 108 S.

Hohenzollern-Jahrbuch. 4. Jahrg. 1900. (S. 102—230. Georg Thouret: Einzug der Musen und Grazien in die Mark.) Leipzig, Giesecke & Devrient. — Fol. XII, 367 S. mit 282 Abbildgn. .# 20.

Die Instrumentalmusik. Zeitschrift für die Interessen der Schweiz. Volks- und Militär-Musik-Vereine und Dilettanten-Orchester. 1. Jahrg.: 1900. (Erscheint Ende jeden Monats als Beilage zur „Schweiz. Musikzeitung u. Sängerblatt.") Spezial-Abonnem. .# 1,60.

Jahrbuch,° Kirchenmusikalisches —. 1900. 15. Jahrgang. Herausgegeben von Franz Xav. Haberl. 25. Jahrgang des früheren Cäcilienkalenders. Regensburg, Pustet. — 8°. 179 S. Mit einer Beilage von 8 S. Text und 32 S. Musik (VII Motecta a Luca Marentio). .# 2,60.

Jahrbuch° der Musikbibliothek Peters für 1899. 6. Jahrg. Herausgeben von Emil Vogel. Leipzig, C. F. Peters. — 8°. 102 S. (Mit 12 Bildnissen von Mozart.) .# 3.

Jahrbuch,° musikalisches in Dur und Moll für 1900. 1. Jahrg. Leipzig, Payne. — 4°. XXX, 29 und 37 S. .# 1.

Jahres-Bericht des Deutschen Volksgesang-Vereines in Wien, über das 10. Vereinsjahr 1. Jänner bis 31. December 1899. Von Karl Kronfuss. Wien, Verlag des Deutschen Volksgesangs-Vereins. — 8°.

Journal amusant, artistique et littéraire. Théâtres, Concerts. 44e année: 1900. Réd.: Agence Rossel. Bruxelles, 42 rue de la Madeleine. — 4°.

Le Journal des théâtres, paraissant le samedi, organe officiel de l'Union des artistes dramatiques et lyriques de France. 1re année (No. 1: 16 Déc. 1899). Paris, impr. Alcan-Lévy. — Fol. fr. 5.

Musica e Lettere, periodico quindicinale d'arte. Anno I (No. 1: 1° gennaio 1900). Milano, tip. Galileo. — 4°. L. 6.

The Music Review. New series devoted to the Review of Music and works pertaining to Music. Contucted by Walter Spry. Vol. I, No. 1: November 1900, Chicago, Ill. Published by Clayton F. Summy Co. — 8°. Published monthly excepting July and August. Subscription price 50c. per year.

Musical News, Shermanns, Clay & Co's San Francisco, Cal., Oakland, Cal., Seattle, Wash., Portland, Ore. Vol. I. No. 1: March 1900. — Fol.

Musikdirektoren-Zeitung, Deutsche —. (Früher: Hannoversche Musiker-Zeitung.) Schriftleiter: Aug. Oertel. 8. Jahrgang. 1900. Hannover, Lehne. — 4°. 52 No. ₳ 6.

Musik-Herold. Special-Anzeiger für Musikalien. Vol. II: 1900. Herausgeber: H. Wilhelm. Redaktion und Haupt-Expedition: Bremen, Präger & Meyer. — Fol. Erscheint monatlich während der Saison.

Musiker-Kalender, Allgemeiner Deutscher, für 1901. 1. 2. Theil. 23. Jahrg. Berlin, Raabe & Rothow. — kl. 8°, 497 S. Anhang 49 S. ₳ 2.

Musiker-Kalender, Max Hesse's Deutscher, für 1901. XVI. Jahrg. Leipzig, Max Hesse. — 513 S. ₳ 1,50.

Der Musikfreund, ein musikalischer Ratgeber. 1. Jahrg. Leipzig, Robolsky. — gr. 8°. 86 S. ₳ 0,50.

Musik-Zeitung, Rheinische —. Begründet und herausgegeben von Willy Seibert. Red.: Karl Wolff. 1. 2. Jahrg. 1900. 1901. Köln, Rhein. Musik-Zeitung. — gr. 4°. 52 No. ₳ 8.

Le Nouvelliste des concerts . . . et music halls paraissant tous les jeudis. 1re année (No. 1: 28 déc. 1899). Paris, impr. Deplaix (16, boulev. du Temple). — Fol. fr. 10.

„Ostara". Uralte Lieder und anderer Einschlag in frischem Duft und Ton von Theodor Wranitzky. 3. Jahrg. April 1900 — März 1901. (Heft 1: 7 S.) Trebitsch (Mähren), Wranitzky. — S°. ₳ 2,50.

Il nuova Palestrina rassegna fiorentina di musica sacra. [Continuazione del giornale „Il Palestrina"; comincia le sue pubblicazioni mensili dal 1.° Gennaio 1900.] Red.: P. Ghignoni. Firenze, via della Pace No. 2. — 4°. L. 3.

Nos Programmes illustrés et La Semaine théâtrale. Publication théâtrale, artistique et littéraire . . . Red. en chef: Jules Nordi. 5e année: 1900. Bruxelles, rue de la Croix-de-Fer 23. — 8°. fr. 12.

La Rassegna melodrammatica. Red.: Vittore Deliliers. Anno I, No. 1: 31. XII. 1899. Milano, Via Silvio Pellico 7. (Si pubblichera 4 volte al mese.) — Fol. Cent. 50 il No.

Sammelbände der internationalen Musik-Gesellschaft. 1. Jahrgang 1899—1900. Die Vierteljahrshefte der Sammelbände erscheinen am 1. Nov., 1. Febr., 1. Mai und 1. Aug. Herausgegeben von Oskar Fleischer und Johannes Wolf. Leipzig, Breitkopf & Härtel. — 8°. 687 S. Mit der „Zeitschrift der Internationalen Musik-Gesellschaft" ₳ 20.

La Società del Quartetto di Reggio nell' Emilia. Anno I: 1899. Reggio Emilia, tip. Calderini. — 8°.

Tage-Buch der königlich sächsischen Hoftheater vom Jahre 1900. Schauspielfreunden gewidmet von den Theaterdienern Frdr. Gabriel und L. Knechtel. 84. Jahrg. Dresden (1901), H. Burdach. — 8°. 91 S. ₳ 2.

Theater-Almanach, neuer, 1900. Theatergeschichtliches Jahr- und Adressen-Buch. Herausgegeben von der Genossenschaft Deutscher Bühnen-Angehöriger. 11. Jahrg. Berlin, Günther & Sohn in Komm. — gr. 8°. XVI, 723 S. mit 15 Bildnissen. ₳ 6.

Theater-Almanach, Wiener, 1900—1901. Herausg. v. Ant. Riunrich. 2., 3. Jahrg. Wien, C. Konegen. — gr. 8°. IX, 349, 12 S. XI, 419, 26 S. mit Abbildungen und Plänen. je ₳ 2,50.

Tonkunst. Musikkritische Monatsschrift. 1. Jahrg. (No. 1: April 1900.) Red.: Aug. Oeser. Hamburg, Bremerstr. 16. — 8°. ₳ 1.

Volksbühne, deutsche. Blätter für deutsche Bühnenspiele. Schriftleitung: Dr. Wachler und Vikt. Laverrenz. 1. Jahrg. Okt. 1900— Sept. 1901. Berlin, Fischer & Franke. — 12 Hefte 8°. .# 6.

Wegweiser durch die Chorgesanglitteratur, nebst „Konzertbericht". 1. Jahrg. Okt. 1899—Sept. 1900. 2. Jahrg. Okt. 1900— Sept. 1901. Köln, H. vom Ende. — gr. 4°. Jährlich 12 Nrn. .# 1.50.

Zeitschrift * der internationalen Musik-Gesellschaft. I. Jahrgang 1899—1900. (Heft 1,2 ausgegeben am 1. November, Heft 12 am 1. September.) Herausgegeben von Oskar Fleischer und Max Seiffert. Leipzig, Breitkopf & Härtel. — 8°. 406 S. Siehe „Sammelbände der internationalen Musik-Gesellschaft".

Geschichte der Musik.

(Allgemeine und Besondere.)

Albert, M. Les Théâtres de la foire (1660) —1789). Paris, Hachette & Cie. — 16°. 320 S. 3 fr. 50.

Amérigo, D. Francisco Javier. Discursos leídos ante la Real Academia de Bellas Artes de San Fernando en la recepción pública del Sr. —, el día 21 de Octubre de 1900. Contestacion del Sr. D. Rodrigo Amador de los Rios. Tema: La idealidad en la obra de arte. Madrid, tip. de Fortanet. — gr. 4°. 33 S. No si ha puesto á la venta.

Ancini, Pietro. Discorso sopra la musica antica e moderna, estratto dalle opera del p. Martini, Kircher, d'Alembert e da molte altre. Milano, Ant. Vallardi. — 16°. 17 S.

Andréeff, B. Les instruments à cordes en Russie. („Harmonie", No. 6.) Bruxelles.

Aristote s. Gevaert et Vollgraff.

Association, International — for the Advancement of Science, Arts, and Education. First Assembly at Paris Exposition of 1900); Guide to Paris, Exhibition, and Assembly. London (Office). — 8°. 230 S. 2s.

Aubry, Pierre. * Mélanges de Musicologie critique (Vol. 1;¹) La Musicologie Médiévale. Histoire et méthodes. Cours professé à l'Institut Catholique de Paris 1898—1899. Vol. I. Paris, H. Welter, Éditeur. — 4°. VI, 135 S. fr. 20.

Aubry, Pierre. Les Jongleurs dans l'histoire. Saint Jullien-des-Ménétriers. (Extr. de La Tribune de Saint-Gervais.) Paris, aux bureaux de la Schola cantorum.

¹) Vol. II: s. Misset l'Abbe E. et Pierre Aubry.

Aubry, Pierre. Les raisons historiques du rythme oratoire. (Extr. de La Tribune de Saint-Gervais.) Paris, aux bureaux de la Schola cantorum.

Aubry, Pierre s. Misset et Aubry.

Bailly, Edmond. Pittoresque musical à l'Exposition. Paris, 15 rue des Saint-Pères. — 8°. 32 S. avec fig. et musique.

Balfour. * How to tell the Nationality of Old Violins. Illustrated throughout. London E. C., Balfour & Co. — 8°. IV, 28 Bl. 2 s. 6 d.

Harnett, I. D. The Greek drama. (Temple cyclopaedic primers.) London — New York, Macmillan. — 16°. 1 s. 6 d. 40 c.

Batka, Rich. Die Musik der alten Griechen. Ein Vortrag. Prag, Ehrlich. — gr. 8°. 18 S. .# 0,50.

Bellaigue, Camille. La Musique. („Un Siècle, mouvement du monde de 1800 a 1900, Vol. II.") Paris, Goupil. — 3 Vol. 4°. fr. 100.

Bénard, Alfred, B. Sur la Marseillaise. Paris, bureaux de la Revue biblio-iconographique, 9 rue du Faubourg-Poissonnière. — 8°. 18 S.

Benfenati, Ulisse. Pro scuola popolare di musica [in Sondrio]. Sondrio, tip. „Corriere della Valtellina." — 8°. 14 S.

Berger, Alfr. Frhr. v. Über Drama und Theater. 5 Vorträge. Leipzig, Avenarius. — 8°. 108 S. .# 1.

Berlit, Georg. * Martin Luther, Thomas Murner und das Kirchenlied des 16. Jahrh. s. im vorigen Jahrgange S. 82.

Berlit, Georg s. Hildebrand.

Bie, Oskar. Das Klavier und seine Meister. Mit zahlreichen Portr., Illustr. u. Fksms. 2. Auflage. München, F. Bruckmann. — gr. 8°. IX, 318. ₰ 10.

Bilitis. Les Chansons de Bilitis. Traduites du grec par Pierre Louys. Edition ornée de 300 gravures et de 24 planches en couleurs hors texte par Notor, d'après des documents authentiques des musées d'Europe. Paris, Charpentier et Pasquelle. — 18°. XII, 360 S. fr. 3,50.

Blackburn, Veron. Bayreuth and Munich: a travelling record of German operatic art. New York, imported by Scribner. — 12°. 64 S. 50 c.

Blume, Clem. S. J. Sequentiae ineditae. Liturgische Prosen des Mittelalters aus Handschriften u. Wiegendrucken. 4. Folge. — Leipzig, Reisland. — gr. 8°. 365 S. ₰ 9.

Bossert, Gustav. Die Hofkantorei unter Herzog Ludwig. Würtembergische Vierteljahrshefte für Landesgeschichte. Neue Folge. IX. Jahrgang. Stuttgart, W. Kohlhammer. — 8°. (S. 253—291.) ₰ 2.

Bonville, A. W. M. Descriptive Notes on Bridlington Musial Festival 26th April. Bridlington, (Yorkshire), Forster. — 8°. 94 S. s. 1.

Bourget, Paul. Domestic dramas (Drames de famille). Translated by William Marchant. New York, Scribner. — 12°. IV, 363 S. Doll. 1,50.

Brendel, Franz. Storia della musica in Italia, Francia e Germania da Palestrina a Wagner. Versione ital. dal tedesco di Maria Ettlinger-Fano. Genova, Donath. — 16°. 364 S. L. 3,50.

Brenet, Michel.[1] Les Concerts en France sous l'ancien régime.[1] Paris, Fischbacher. — 8°. 407 S. fr. 5.

Brouwer, F. de Simone. „Don Saverio". Napoli, libr. Detken e Rochol. — 8°. L.0,60.

Bruneau, Alfred. Rapport présenté à M. le Ministre de l'Instruction publique et des Beaux-Arts au nom de la Commission des grandes auditions musicales de l'Exposition Universelle de 1900. Paris, Impr. Nationale. — grand in 8°. 65 S.

Büchsenschütz, L. Histoire des liturgies en langue allemande dans l'église de Strasbourg au XVIe siècle. Cahors, impr. Coueslant. — 8°. 154 S.

Buonrotti, Michelangelo. Sonnets and madrigals. Engl. verse by W. W. Newell. Boston, Houghton, Mifflin & Co. — 16°. Doll. 2,50.

Burger, J. Cäcilianismus und Lehrerbildungsanstalten. (Progr.) St. Pölten. — 8°. 20 S.

Bystrom, O. Schwedische Hymnen und Sequenzen aus dem Mittelalter. (Schwed. Text.) Stockholm, Selbstverlag. — 4°. Kr. 2.

Calleri, Pietro. Antiche Villotte e altri canti del Folk Lore Veronese. Verona-Padova, frat. Drucker. — 8°. 288 S. L. 2,50.

Castro, Jannes de — s. Kastro.

Chabot, A. The Dancing-Master, transl. by P. W. Sill. New Edition. Illustr. by J. W. Smith. London-Philadelphia, Lippincott. — 12°. II, 139 S. 5 s. (Doll. 1.)

Chaillot.[1] I Provvedimenti pontificii sulla musica sacra. (Nendruck im „Bollettino musicale romano"). Anno II, No. 1—5. Roma, Alberto Cametti.

Les Chants nationaux de tous les Pays par S. Rousseau, Job, J. Drogue et G. Montorgueil. Paris, Martin. — 8°. 18 fasc. fr. 27.

Chapin, Anna A. A short History of Music. Illustrated. New York, Dodd-Mead & Co. — 12°. Doll. 1,50.

Chavarri, Edouard L. La musique aux Îles Baléares. Bruxelles, „Guide musical", t. XLVI, S. 523—525.

Christian, M. A. (Directeur de l'Imprimerie nationale.) Origines de l'Imprimerie en France. Conférences faites les 15 juillet et 17 août 1900. Paris, Impr. Nationale. gr. in 4°. 128 p. de texte & autant (environ) de planches.[1]

[1] Zuerst erschienen im „Le Guide Musical" 1899: No. 39—42, No. 44—52. 1900: No. 1—6, No. 10—16.

[1] Enthalten in den vom französischen Geistlichen Chaillot redigierten „Analecta juris Pontificii," Roma 1855. Davon ein Abdruck in der von Theodore Nisard im Oktoberheft 1876 in Rennes herausgegebenen „Revue de Musique".

[1] Enthält wertvolle Aufschlüsse über die ersten französ. Musik-Notendrucker: Pierre Attaingnant, und seine Söhne Angelo und Alessandro, Adrien Le Roy, die Familie der Ballard etc.

Clouzot, Henri. Les Représentations dramatiques dans les collèges poitevins. Vannes, Lafolye. — petit 4°. 33 S.

Colombani, A. L'opera italiana nel secolo XIX. Milano, Tip. del „Corriere della Sera."

Concorsi giudicati dall'Accademia del R. Istituto Musicale di Firenze (1811—1899). Firenze, tip. Galletti e Cocci. — Fol. 25 S.

Courant, Maurice. Le Théâtre en Chine. (La Revue de Paris, No. 10: 15. Mai 1900.) Paris, Calmann-Lévy.

Courtney, W. L. Idea of tragedy in ancient and modern drama: three lectures delivered at the Royal Institution, February 1900. New York, Brentano's. — 16°. Doll. 1,25.

Curzon, Henri de — Le „Théâtre espagnol" et sa nouvelle saison (et sa visite) à Paris. Versailles, impr. Cerf. — 8°. 13 S. fr. 1.

Dahlin. Alfred. Les Fêtes musicales d'Avignon (3, 4 et 5 août 1899) par l'abbé —. Evreux, impr. Odieuvre (1900). 8°. 39 S.

Dettmer, W. Streifzüge durch das Gebiet alter und neuer Tonkunst. (Progr.) Hamburg, Herold. 4°. 32 S. ℳ 2,50.

Dicks theatrical make-up book. New York, Dick & Fitzgerald. — 12°. 49 S. 25 c.

Dreves, Guido Maria, S. J. Psalteria rhythmica. Gereimte Psalterien des Mittelalters. 1. Folge. Aus Handschriften und Frühdrucken. Leipzig, Reisland. — gr. 8°. 275 S. ℳ 8.

Duyse, F. van — Het oude Nederlandsche Lied. Wereldlijke en Geestelijke Liederen uit vroegeren Tijd, Texsten en Melodieën. Verzameld en toegelicht door —. 'sGravenhage, Martinus Nijhoff. — Roy. 8°, Aflev. 1.

Elson, Louis C. National music of America. im vorigen Jahrg. S. 83.

Emmanuel, Maurice. Les Conservatoires de musique en Allemagne. (La Revue de Paris, 1er Mars 1900.) Paris, Calmann Lévy. — 8°. S. 119—145.

Fairbanks, Arthur. Study of the Greek pean. With Appendices containing the Hymns found at Delphi and the other fragments of peans. Cornell studies in classical philology; ed. by C. E. Bennett and G. P. Bristol.) London — New-York, Macmillan. — 8°. Doll. 1.

Fallersleben s. Hoffmann von —.

Favre, Louis. La Musique des couleurs et les Musiques de l'avenir. (Directeur de la Bibliothèque des méthodes dans les sciences expérimentales.) Paris, libraires Schleicher frères. 18°. XIV, 113 S. fr. 1.

Fissore, R. Les Maîtres Luthiers s. im vorigen Jahrg. S. 83.

Fitzgerald, S. J. Adair. Stories of famous Songs. Philadelphia, J. B. Lippincott Co. — 12°. 247 and 245 S. Doll. 3. Illustrated with photogravures and half-tones. 2 Vol. in a box.

Flodin, Karl. Finnische Musiker und andere Aufsätze über (in) Musik. Schwed. Text.[1]) Helsingfors, Söderström. 8°. 170 S. ℳ 3.

Fyles, E. Franklin. The Theatre and its People. Illustrated. New-York, Doubleday, Page & Co. — 12°. VIII, 259 S. Doll. 1,25.

Gabillard, Paul. La Musique en France au XIXe siècle. Tours, Mame et fils. — gr. 8°. 159 S.

Gaeta, Salvatore. Il teatro nei convitti e seminarii. Napoli, A. Chiurazzi. — 16°. 64 S. l. 0,60.

Gastoué, Amédée. La Musique à Avignon, conférence faite à Avignon, le 24. Janv. 1900. Avignon, Seguin.[2]) — 8°. 14 S.

Gastoué, Amédée. La Tradition ancienne dans le chant byzantin. (Extr. de la Tribune de Saint-Gervais. 1899.) Paris, libr. Chevalier-Marescq et Co. 1900. — 8°. 16 S. avec plain-chant.

Gastoué, Amédée. La musique religieuse en moyen-âge. (Extr. de La Tribune de Saint-Gervais, Janv. 1900.) Paris, aux bureaux de la Schola cantorum.

Gerhard, W. Paul. Theatres; their safety from fire and panic, their comfort and healthfulness. Boston, Bates & Guild Co. — 12°. 110 S. Doll. 1.

Gevaert, François Auguste et J. C. Vollgraff. Les Problèmes musicaux d'Aristote. Premier fasc. Gand, Ad. Hoste (1899). — 4°. 164 S. fr. 20.

1) Enthält 9 Biographien von finnischen Musikern, 12 „Musikalische exlibris" (Charakteristiken über Bach, Händel, Mozart u. s. w.), dann 2 Aufsätze über „Musik des neuen Jahrhunderts" und über die „Wiedergeburt der Finchlisten".
2) Auch in La Tribune de Saint-Gervais, Febr. 1900.

Goepp, Phil. H. Symphonies an their meaning. 3d ed. Philadelphia, Lippincott. — 12°. Doll. 2.

Grillet, Laurent. Les Ancêtres du Violon et du Violoncelle. Les Luthiers et les Fabricants d'archets. Vol. I. Paris (1900, 29. Déc.), Charles Schmid. — gr. 8°. Vol. I: XXVII, 291 S. (En souscription.) fr. 27.

Gudopp, E. Dramatische Aufführungen auf Berliner Gymnasien im 17. Jahrh. (Progr.) Berlin, Gaertner. — 8°. 128 S. u. 3 Anlagen.

Guex, J. Le Théâtre et la Société française de 1815 à 1848. Paris, Fischbacher. — 8°. fr. 4.

Guida e programma del concerto wagneriano a vantaggio dei ristauri del tempio di s. Francesco [in Bologna, da eseguirsi al) teatro Comunale il 24 maggio 1900. Bologna stab. tip. succ. Monti. — 8°. 20 S.

Guy, Henry. L'Invention de la flûte. Paris, Hachette et Cⁱᵉ. — 16°. 95 S. avec 28 grav. fr. 0,70.

Haberl, F. X. Contributo alla Storia del Graduale ufficiale. Ratisbona, Pustet. — 8°. 36 S.

Halot, Alexandre. La musique envisagée au point de vue de l'art public; ses bienfaits populaires. Bruxelles, impr. A. Lesigne. — 8°. 4 S.

Hammerich, Angul. Studier over islandsk Musik. (Dän. Text.) Kopenhagen, C. A. Reitzel. — 8°. 46 S.

Hampe, Thdr. Die Entwicklung des Theaterwesens in Nürnberg von der 2. Hälfte des 15. Jahrh. bis 1806. Mit e. Namen- u. Sachregister. [Aus: „Mitteilgn. d. Ver. f. Gesch. d. Stadt Nürnberg."] Nürnberg, Schrag. gr. 8°. 378 S. ℳ 6.

Hanslick, Eduard. Aus neuer und neuester Zeit. (Der modernen Oper IX. Teil.) 2. Auflage. Berlin, Allgemeiner Verein f. Deutsche Litteratur. — gr. 8°. VI, 377 S. ℳ 6.

Harris, David Fraser. Saint Cecilia's Hall¹) in the Niddry Wynt. Edinburgh, Oliphant-Anderson & Ferrier. — 8°.

¹) Konzerthaus in Edinburgh (1762—1812).

Hartmann, Martin. Lieder der Libyschen Wüste. Die Quellen und die Texte nebst einem Exkurse über die bedeutenderen Beduinenstämme des westlichen Unter-Ägypten. (Abhandlungen für die Kunde des Morgenlandes. XI. Bd. No. 3.) Leipzig, F. A. Brockhaus' Sort. in Komm. — gr. 8°. VII, 243. ℳ 8.

Hastings, Charles. Le Théâtre français et anglais, ses origines grecques et latines (drame, comédie, scène et acteurs.) Paris, libr. Firmin-Didot et Cⁱᵉ — 8°. XX, 281 S. fr. 7,50.

Hellouin, Frédéric. Premier congrès international de musique au palais de Congrès de l'exposition universelle à Paris (14—18 juin 1900). Bruxelles, „Guide musical", t. XLVI, S. 525—526.

Henderson, W. J. How Music developed. London, John Murray.

Heyne, Moritz. Altdeutsch-lateinische Spielmannsgedichte des 10. Jahrhunderts. Für Liebhaber des deutschen Altertums übertragen. Göttingen, Franz Wunder. — kl. 8°. 78 S. ℳ 1 brosch., in Originalband ℳ 1,50.

Hildebrand, Rud. Materialien zur Geschichte des deutschen Volkslieds. Aus Universitäts-Vorlesungen. 1. Tl.: Berlit, G. Das ältere Volkslied. (Aus der Zeitschrift f. deutsch. Unterricht. 14. Jahrg. Ergänzungsheft, No. 5.) Leipzig, B. G. Teubner. — gr. 8°. VIII, 339 S. ℳ 4.

Hirschfeld, Rob. Die Pflege der Kunst in Oesterreich 1848—1898: Musik. Aus: Oesterreichs Wohlfahrts-Einrichtungen.) Wien, Perles. — 8°. ℳ 2.

Hoffmann v. Fallersleben: Unsere volkstümlichen Lieder. 4. Auflage. Herausgegeben und neu bearbeitet von Karl Herm. Prahl. Leipzig, W. Engelmann. — gr. 8°. VIII, 318 S. ℳ 7.

Hohenemser, Rich. Welche Einflüsse hatte die Wiederbelebung der älteren Musik im 19. Jahrhundert auf die deutschen Komponisten? („Sammlung musikwissenschaftlicher Arbeiten von deutschen Hochschulen". 4. Band.) Leipzig, Breitkopf & Härtel. — 8°. 135 S. ℳ 4.

Hottenrott, Max. Festschrift für das 4. elsass-lothringische Sänger-Bundes-Fest am 3. u. 4. VI. 1900 zu Mülhausen i. E. Mühlausen i. E., Ehrmann. — 8°. 124 S. ℳ 1,70.

Hubert, Friedrich. Die Strassburger liturgischen Ordnungen im Zeitalter der Reformation nebst einer Bibliographie der Strassburger Gesangbücher. Göttingen, Vandenhoeck & Ruprecht. — gr. 8°. LXXXIV, 154 S. mit 8 Tafeln. ℳ 8.

Imbert, Hugues. La Symphonie après Beethoven. Réponse à M. Felix Weingartner. Bruxelles, „Guide musical" No. 33 —39. Paris, Fischbacher. — gr. 16°. 75 S. fr. 1,50.

Indy, Vincent d' —. De Bach à Beethoven. Paris (1899), aux bureaux de la Schola cantorum. — 8°. 12 S.

Indy, Vincent d' —. Une école de musique répondant aux besoins modernes, discours prononcé le 2. nov. 1900. Paris, 269 rue Saint-Jacques. — 8°. 12 S.

„Juegos Florales". Estudio histórico filosófico del arte lírico dramático por M. A. C. Premiado en los „Juegos Florales" del „Ateneo Senahrino". Alicante, impr. de Moscat y Oñate. — 12°. 10 S. Pes. 0,50.

Junk, V. s. Im vorigen Jahrgang S. 92 (unter Mozart).

Juszkiewicz, Anton. Litauische Volkslieder-Weisen. Bearbeitet, redigiert und herausgegeben von Sigmund Noskowski und Johann Baudoin de Courtenay. (Polnischer Text.) Krakau, Akademie der Wissenschaften. — 4°. 247 S.

Klauwell, Otto. Das Conservatorium der Musik in Cöln. Festschrift zur Feier seines 50. Bestehens. Cöln, Druck von M. Dumont-Schauberg. — 8°. 141 S. mit 2 Portraits.

Knispel, Herm. Bunte Blätter aus dem (Darmstädter) Kunst- und Theaterleben. Darmstadt, Herbert. — 8°. 284 S. ℳ 4.

K[organoff], W. D. Die kaukasische Musik. Bibliographische Bemerkungen. (Russ. Text.) Tiflis, Selbstverlag. — 8°. 40 S.

Kralik, R. v. Altgriechische Musik. Theorie, Geschichte und sämmtliche Denkmäler. Stuttgart, J. Roth. — gr. 8°. 52 S. ℳ 0,80.

Kuhač, Frz. Yav. Das türkische Element in der Volksmusik der Croaten, Serben und Bulgaren. („Wissenschaftliche Mitteilungen aus Bosnien und der Herzogovina". 6. Band.) Wien, Gerold. — 8°. 40 S. ℳ 0,80.

Kuhnau, Joh. Der musikalische Quacksalber (1700). s. im vorigen Jahrg. S. 84.

Lange, Gust. Musikgeschichtliches: I. Beethovens erste und letzte Tonschöpfung. II. Die Beethoven-Bilder der Königlichen Bibliothek zu Berlin. III. Ein Albumblatt von Beethoven. IV. Richard Wagner als Klavier- u. Lieder-Komponist. (Progr.) Berlin, Gaertner. — 4°. 22 S. ℳ 1,50.

Lecomte, L.-Henry. Le Panorama dramatique (1821—1823). Paris, 10 rue du Dôme. — 8°. 85 S.

Leffler, K. P. Das Schlüsselfiedel-Spiel im "Skansen". (Schwed. Text.) Stockholm, herausgegeben von A. Hazelius. — 8°. 114 S.

Le Senne, Camille. Promenades esthétiques à travers l'Exposition. (Le Ménestrel: 1900, No. 23—28, 31—33, 35—37, 39, 41—46.) Paris, Heugel.

Le Senne, Camille. La musique et le théâtre aux Salons du Champ de Mars: 1900. (Le Ménestrel, 1900: No. 14—18.) Paris, Heugel.

Liliencron, R. Freiherr von —. Chorordnung für die Sonn- und Festtage des evang. Kirchenjahres. I. Chorordnung. II. Erläuterungen und Nachweisungen. Gütersloh, C. Bertelsmann. — 8°. VIII, 264 S. ℳ 3,60.

Lothar, Rud., und Jul. Stern. 50 Jahre Hoftheater. Geschichte der beiden Wiener Hoftheater unter der Regierungszeit des Kaisers Franz Joseph I., unter Mitwirkung von Herrn. Bahr, Prof. Alfred Freiherr von Berger, Balduin Bricht etc. Neue Auflage. 2 Bände. Wien u. Magdeburg, Schallehn & Wollbrück. — gr. Fol. VIII, 153, XLII. 219 S. ℳ 10(?).

Lyonnet, Henry. Le Théâtre hors de France. 3e série: le Théâtre en Italie. Paris, Ollendorff. — In 18°. 390 S. avec 47 photograv. fr. 3,50.

Marenco, Luigi. L'oratoria sacra italiana nel medio evo. Savona, stab. tip. A. Ricci. — 8°. 227 S. L. 3.

Martin, Jane. A brief history of the pianoforte... s. Biographica unter Steinert.

Martyn, Geo. (Lord Jimmy:) Story of Music Hall Life. 2nd ed. London, Greening. — 8°. 214 S. 2 s. 6 d.

Mastroti, mons. Nic. Musica e sacerdozio. Napoli, tip. Francesco Giannini. — 8°. 93 S. L. 1.

Mendès, Catulle. L'Art au théâtre. 3e vol. (Bibliothèque Charpentier.) Paris, libr. Fasquelle. — 18°. 534 S.

Menil, F. de. Le Théâtre lyrique anglais au siècle de Shakespeare. (Le Guide musical: 1900, No. 7—9.) Bruxelles, Office central: 14 Galerie du Roi.

Metz, Karl. Das deutsche Kunstlied s. im vorigen Jahrgange S. 81.

Mey, Curt.* Der Meistergesang in Geschichte und Kunst. Ausführliche Erklärung der Tabulaturen, Schulregeln, Sitten und Gebräuche der Meistersinger, sowie deren Anwendung in Rich. Wagners „Die Meistersinger von Nürnberg." 2. gänzlich umgearbeitete und vermehrte Aufl. Leipzig, Hermann Seemann Nachfolger. — gr. 8°. XVI, 392 S. Mit 2 Facsim.-Beilagen nach Hans Sachs und Hans Vogel. ℳ 10.

Michel, Émile. Essais sur l'Histoire de l'Art, de la Production de l'Œuvre d'Art, les Maîtres de la Symphonie. Paris, Société d'édition artistique. — 16°. VII, 331 S. fr. 4.

Misset, l'Abbé E.* et **Pierre Aubry.** Mélanges de Musicologie critique. (Vol. II:) Les Proses d'Adam de Saint-Victor — Texte et Musique — Précédées d'une étude critique. Solesmes, Sarthe, impr. Saint-Pierre. Sept. 1900. Paris, H. Welter, Editeur. — 4°. VIII et 327 p. dont 95 de musique notée. Avec un facsimilé d'Adam de Saint-Victor. fr. 30.

Möhler, A.* Geschichte der alten und mittelalterlichen Musik. Leipzig, Göschen. — 8°. 105 S. ℳ 0,80.

Montanari, Giola Zaira. Il dramma pastorale in Italia nel XV e XVI secolo: studio. Firenze, tip. Bonducciana di Aless. Meozzi. — 8°. 33 S.

————
1) Vol. I: s. Pierre Aubry.

Moore, Aubertine Woodwort. For my musical friend: a series of practical essays on music and music culture. New York, Dodge. — 12°. V, 205 S. Doll. 1,25.

Morel, Eugène. Projet de théâtres populaires. Paris, Ollendorff. — 8°. 78 S. fr. 0,50.

Morel-Fatio, Alfred et **Léo Rouanet.** Le théâtre espagnol (Bibliothèque de Biographies critiques.) Mâcon, Pratat Frères. — 4°. 47 S.

Morel-Fatio, Alfred. Études sur le théâtre de Tirso de Molina. 1: la Prudencia en la muger. (Extrait du Bulletin hispanique.) Paris, libr. Fontemoing. — 8°. 54 S. fr. 1.

Musik vid Julen.* Julnummer 1900. Utgifven af Redaktionen för Musiktidningen, Fackorgan för Svenska Musicl. A. O. Ansr. Göteborg, Olof Michelsens Boktryckeri. — Fol. 15 S. Text und 20 S. Musik. Mit Portrait von dem Kronprinzen Gustav von Schweden und Norwegen, mit 3 Illustrat. von der Kgl. Musik-Akademie. 9 Portraits von schwedischen Musikern.

La Musique en Finlande. Paris, Impr. Morris. — 16°. 23 S. avec portraits.

Naumann, Emil. History of Music. Transl. by F. Praeger. Ed. by the Rev. Sir F. A. Gore Ouseley, Bart. New ed. London, Cassell. — 2 vols. gr. 8°. 1346 S. s. 18.

Neale, J. W. The Day of resurrection: a Greek hymn of the eighth century; tr. — New York, F. M. Buckles & Co. — 16°. unp. 25 c.

Neretti, L. Due conferenze musicali. 1. I celebri musicisti morti prematuramente. 2. Dell' opera in musica francese e dei maestri italiani.) Firenze, tip. Cooperativa. — 16°. 77 S. L. 1,50.

Newmarch. The Development of National Opera in Russia. (A paper read before the Musical Association on the 10th Jan., 1900.) Publ. in The musical Times; Febr. 1900.) London, Novello.

Niccoli, Pia. Una cosa nel regno della musica. Castelfiorentino, tip. Giovannelli e Carpitelli. — 8°. 17 S. L. 1.

Niecks, Frederick. The Teaching of musical History. (A paper read at the Musical Association: 10 Apr. 1900. Publ. in The musical Times, May 1900.) London, Novello.

Orgues, Les nouvelles grandes — de l'église Saint - Nicolas à Neufchâteau (Vosges), inaugurées le 29 avril 1900. (Extrait de „la Semaine religieuse du diocèse de Saint-Dié".) Saint-Dié, impr. Cuny. — 8°. 6 S.

Orlandi, E. Il teatro di Carlo Marenco: studio critico. Torino, G. B. Paravia e C. — 8°. 113 S. L. 1,50.

Panum, Hortense og **William Behrend.** Illustreret Musikhistorie. (Dänischer Text.) (Heft 34—37.) Kopenhagen, Nordischer Verlag. — 8°. Vol. II: S. 433—624'.

Parisot, Dom J. Rapport sur une mission scientifique en Turquie d'Asie: Collection de Chants Orientaux: Chants maronites, chants d'église en arabe, chansons arabes, chants syriens, chants chaldéens, mélodies israélites des Juifs de Jérusalem. (Extrait des Nouvelles Archives des Missions scientifiques, t. IX.) Paris, Leroux. — 8°. 251 S. S. 1—39: Text, S. 37—248: Musik von 358 einstimmigen Gesängen.

Parr, W. Alfred. Chronological Survey of the Development of Music. London, Vincent. — 8°. s. l.

Parry, C. H. H. Style in musical art: Inaugural Lecture at Oxford on May 7. London (New York), Frowde. — 8°. s. l.

Perrot, Georges (Membre de l'Institut.) L'Histoire de l'art dans l'enseignement secondaire. Paris, libr. Chevalier-Marescq et C°. — 16°. 162 S. fr. 3.

Plays and Operettas, St. Nicholas book of —. New York, Century Co. — 12°. Doll. 1.

Plutarque s. Ranz-Ramillos. Ruelle. Henri Weil et Théod. Reinach.

Pokrowsky, N. Das Musik-Drama. (Russ. Text.) St. Petersburg, im Verlag von R. Karbasnikoff. 16°. 215 S.

Pokrowsky, A. W. Semiographie. Abriss der Geschichte der Musik. (Russ. Text.) Novgorod, Selbstverlag. — 8°. 16 S.

Pougin, Arthur. Le théâtre et les spectacles à l'Exposition. (Le Ménestrel, 1900: No.38—45, 47, 49, 50, 52. 1901: No. I—4, 6, 8—16.) — Paris, Hengel.

Prosniz, Adolf. Compendium der Musikgeschichte. II. Band. 1600—1750. Wien, Alfred Hölder. — gr. 8°. VIII, 304 S. ℳ 5.

Quet, Edouard. La Puissance de théâtre en France. Étude de l'évolution du génie dramatique français. Paris. libr. Vanier. — 16°. 47 S. Fr. 1.50.

Radiciotti, Gius. Contributi alla storia del teatro e della musica in Urbino. („La Cronaca musicale", Vol. V: 1. Gli ultimi fasti del teatro de' Pascolini, 1811—1848. 2. Notizie biografiche dei musicisti urbinati, sec. XV — XIX.) Pesaro, Stab. A. Nobili. — 16°. 72 S.

Ranz Ramanillos, D. Antonio. La vidas paralelas de Plutarco traducidas de griego al castellano por —. Tomos II y III. Madrid. Est. Tipogr. „Sucesores de Rivadeneyra." — 8°. 500 y 471 S. (Reimpresion.) 6 Pes.

Reinach, Théod., s. Weil.

Revincel. La musique en France. Bruxelles, La „Fédération artistique". T. XLVI, S. 312—313.

Riemann, Hugo. Geschichte der Musik seit Beethoven (1800)—1900). Berlin und Stuttgart, W. Spemann (1901). — gr. 8°. VII, 816 S. ℳ 8.20.

Rietsch, Heinr. Die Tonkunst in der 2. Hälfte des 19. Jahrhunderts. Ein Beitrag zur Geschichte der musikalischen Technik. („Sammlung musikwissenschaftlicher Arbeiten man deutschen Hochschulen", 3. Bd.) Leipzig, Breitkopf & Härtel. — 8°. 137 S. ℳ 4. Mit 126 in den Text gedruckten Notenbeispielen.

Rillé, Laurent de —. Rapport présenté à M. le ministre de l'instruction publique et des beaux-arts, au nom de la commission des orphéons, fanfares et harmonies de l'Exposition universelle de 1900, par — président de la commission. Paris, impr. nationale. — 8°. 18 S.

Robert, Ulysse. Les origines du théâtre à Besançon. (Extr. des Mémoires de la Société nat. des antiquaires de France.) Nogent-le-Rotrou, impr. Daupely-Gouverneur. — 8°. 19 S.

Robles, R. Ensayo de fonética general ó análisis de los sonidos orales . . . los profesores de canto; los actores, oradores, cantantes y compositores . . . Santiago, Impr. de José Ma Paredes. — 8°. 270 S. Pes. 4,50.

Rochas, Albert de —. Les Sentiments, la Musique et le Geste. Grenoble, libr. Falque et Perrin. — Petit in 4°. 288, Cl. 8. Avec. grav. en conleurs hors texte e dans le texte et musique. Fr. 30.

Ronce W. H. D. An Echo of Greek Song. London, Dent. — 8°. 100 S. 3 s. 6 d.

Rückblick, statistischer, auf die königl. Theater zu Berlin, Hannover, Kassel und Wiesbaden für das Jahr 1890. Berlin, Mittler & Sohn. — Lex. 8°. 46 S. .# 1,25.

Ruelle, C. E. Etudes sur l'ancienne musique grecque. (Plutarque: De musica, ch. XI.) Paris, libr. Leroux. — 8°. 7 S.

Runge, P. Die Lieder und Melodien der Geissler des Jahres 1349 nach der Aufzeichnung Hugos v. Reutlingen. Nebst einer Abhandlung über die italienischen Geisslerlieder von Heinr. Schneegans und einem Beitrage Zur Geschichte der deutschen und niederländischen Geissler von Heino Pfannenschmid. Leipzig, Breitkopf & Härtel. — gr. 4°. 221 S. .# 10. Mit einem Fksm. in Lichtdruck.

Saitschick, Rob. Genie und Charakter. Shakespeare — Lessing — Schopenhauer — Rich. Wagner. Berlin, Hofmann. — 8°. III, 159 S. .# 2,50.

Sánchez Torres, Enrique. La luz, el sonido y la música. Barcelona, tip. „la Económica". Madrid, Libr. de Murillo. 8°. 256 S. Pes. 2,50.

Salten, Felix. Wiener Theater 1848—1898. (Aus: Oesterr. Wohlfahrtseinrichtungen.) Wien, Perles. — 8°. .# 2.

S. Martino, Ear. di. La evoluzione della musica nel secolo XIX: conferenza tenuta al collegio romano add) 22 febbraio 1888. Roma, tip. della pace. — 16°. 75 S.

Santi, P. Angelo de: Die lauretanische Litanei. Historisch-krit. Studie. Aus dem Italienischen von Joh. Nörpel. Paderborn, Schöningh. — gr. 8°. VII, 134 S. .# 3,60.

Schläger, G. Ueber Musik und Strophenbau der französischen Romanzen. Halle, Niemeyer. — 8°. (Mit einem musikal. Anhang.) .# 2,40.

Schmid, Otto. Das sächsische Königshaus in selbstschöpferischer musikalischer Bethätigung. Leipzig, Breitkopf & Härtel. — 8°. 31 S. .# 1,50.

Schmidt, C. Quaestiones de Musicis scriptoribus Romanis inprimis de Cassiodoro et Isidoro. (Diss.) Giessen. — 8°. 62 S.

Schuré, Edouard. Le Drame musical. 4. Éd. Paris, Perrin & Co. — 16°. Fr. 3,50.

Schwartz, Rud. Die Musik des 19. Jahrhunderts. Leipzig, Seuff. — 8°. VII, 84 S. .# 1,50.

Scott, Clement W. Drama of yesterday and to-day. Loudon — New-York, Macmillan. — 8°. 2 Vol. Illustr. Doll. 8.

Seidl, Arthur. Moderner Geist in der deutschen Tonkunst. Berlin, „Harmonie". — gr. 8°. 161 S. .# 3,50.

Seidl, Arthur. Was ist modern? Ein Vortrag. Berlin, „Harmonie". — gr. 8°. 39 S. .# 1.

Semeria Giovanni. La Musica degli Ebrei. Conferenza del Padre Semeria con introduzione del Padre Alessandro Ghignoni. Prato, tip. successori Vestri. — 8°.

Semeria, Giovanni. Una conferenza di padre Semeria [Barnabita] e le società corali di musica sacra. (Estr. dalla Rassegna nazionale, anno XXII fasc. del 1° gennaio 1890.) Firenze, „Rassegna nazionale".

Senne, Camille Le s. Le Senne.

Seydler, Anton. Geschichte des Domchores in Graz v. d. Zeiten Erzherzogs Karl II. bis auf unsere Tage. (Sonderabdruck aus dem „Kirchenmusikal. Jahrb. f. d. Jahr 1899".) Regensburg, Pustet. — 8°. 38 S.

Shelton, Edgar. The violin and all about It: its makers from the earliest period to the present day; the construction, selection, preservation and treatment of the instrument, also practical hints and helps for players. New-York, imported by Scribner. — 16°. 95 S. 0,75 c.

Sherwood, Cl. Geschichte der Musik und Oper. Enthalten in: Hausschatz des Wissens. Heft 3 5. (S. 81—336.) Neudamm, J. Neumann. — gr. 8°. à 0,50 .#.

Smith, Justin H. Troubadours at Home; their Lives, and Personalities, their Songs and their World. London, Putnam. — gr. 8°. 2 Vol. Vol. I: 8°. s. 25, Vol. II: 8°. 496 S. 198 Illustrations.

Smolensky, St. Vor 80 und 60 Jahren. Materialien nach dem Archiv von M. A. Wenewitinoff. (Russ. Text.) St. Petersburg, Verlag d. Russ. Mus.-Ztg. 12°. 33 S.

Soubies, Albert. Histoire de la musique: Belgique, des origines au XIX° siècle. (Extr. de Le Guide musical 1900: No. 40—45.) Paris, Flammarion. — 32°. 91 S. 2 fr.

Soubies, Albert. Histoire de la Musique: La Musique en Espagne. Tome III: Du XVII° siècle a nos jours. Paris, Flammarion. — 16°. fr. 2.

Soubies, Albert. Deux bilans musicaux (1876—1886). Paris, Dupret. — 8°. 6 S.

Stead, W. T. Hymnes that have helped.[1] New uniform. „Red Line" editions. New-York, Doubleday-Page & Co. — 12°. Doll. 1,50.

Steuer, Max. Was muss man von der Musikgeschichte wissen? Berlin, Steinitz. — gr. 8°. — 120 S. ℳ 2.

Suomen Kansan Sävelmiä.[2] (Gesammtausgabe der finnischen Volksmelodien.) In Juväskylä[3]), Jyväskylän Buchdruckerei. 1888, 1893, 1888—1900. — 8°. 128, 502, 644 S.

Taccone-Gallucci, N. L'evoluzione dell'arte italiana nel secolo XIX. (Classicismo, Romanticismo, la Scultura e la Pittura contemporanea, la Musica d'oggi e il risorgimento dell' Ideale.) Messina, V. Muglia. — 16°. 356 S. L. 3,50.

Tardini, V. I Teatri di Modena. 2 Vol. Modena, G. T. Vincenzi e Nepoti. (1899 —1900.)

Taunton, E. L. The history and growth of church music (Roman Catholic). New York, Imported by Scribner. — 16°. 131 S. 75 c.

—————

[1] Contains 150 hymnes, with stories of their origin, character and influence.

[2] Bieber erschienen: Teil I, Heft 1—5: geistliche Volksmelodien. Teil II, Heft 1—2; weltliche Volksmelodien. Teil III, Heft 1—8: Tanzmelodien. Vergl. Ilmari Krohn „Über die Art und Entstehung der geistlichen Volksmelodien in Finnland. Akademische Abhandlung. Helsingfors 1899. Siehe im vorigen Jahrgange, S. 84.

[3] Stadt in Finnland.

Les Théoriciens de la musique au temps de la Renaissance. Editions publiées par M. Henry Expert sur les manuscrits les plus authentiques et les meilleurs imprimés des XV° et XVI° siècles, avec notations et textes originaux, traductions françaises, transcriptions en notation moderne, variantes, etc. Nouvelle instruction familière, en laquelle sont contenues les difficultés de la musique, par Michel de Menehou, maître des enfants de chœur de l'église Saint-Maur-des-Fossés-lès-Paris. Paris, édit. Leduc. — 4°. 52 S. Titre rouge et noir. Papier vergé.

Tiersot, Julien. Ethnographie musicale notes prises à l'Exposition. (Le Ménestrel: 1900, No. 40—48[1]), No. 50—52.) Paris, Heugel.

Urban, Erich. Tabellen der Musikgeschichte. Für Hochschulen und Universitäten bearb. Berlin, Habel. — 8°. III, 125 S. ℳ 2.40.

Valentin, K. Das Pianoforte u. seine Vorläufer. (Schwed. Text.) Stockholm, Sonderabzug aus d. Mitteilungen d. schwed. Kunstarbeitsverein. — 8°. 76 S.

Vallardi, Antonio. Un secolo e mezzo di vita editoriale. Milano, Ant. Vallardi.

Vantijn, Sidney. L'évolution de la musique en Angleterre. (Revue de Belgique: 1900, p. 47—58.) Bruxelles.

Villetard, H. Le Chant grégorien et sa restauration, conférence par M. l'abbé —, curé de Serrigny. Solesmes, impr. Saint-Pierre. — 8°. 18 S. fr. 1,50.

Villetard, H. Recherche et Etude de fragments de manuscrits de plain-chant; par l'abbé —. Paris, aux bureaux de la Schola cantorum (Extr. de la Tribune de Saint-Gervais, No. 9—10). 269 rue St. Jaques. — gr. 8°. 11 S.

Virgilio, Michele. Della decadenza dell'opera in Italia. (A proposito di „Tosca"?), Milano, Tip. Gattiuoni. — 8°. 32 S. L. 0,50.

—————

[1] Enth: No. 42—45 les Danses japonaises. No. 48 et 50: le Théâtre japonais.

[2] Von Giacomo Puccini s. Biographien u. Monographien.

Wagner, Richard. De kunst en de corulutie. Met een inleidend woord. Amsterdam, D. Blitz & L. de Boer. — 16°. XII, 42 S. m. 1 portr. fl. 0,10.

The Wakefield and District Organist's Association. Retrospect 1890 — 1900. The concluding paragraphes of the last report, by Mr. A. E. S. Sugden, Wakefield.

Walker, Williston. The Protestant Reformation. (Ten Epochs of Church History. New. Vol.) New York, Charles Scribner's Sons. — 12°. Doll. 2.

Weil, Henri et Théod. Reinach. De la Musique; par Plutarque. Edition critique et explicative. Paris, libr. Leroux. — 8°. LXXII, 183 S. fr. 12.

Weingartner, Félix. La Symphonie après Beethoven. Traduction française de Mme Camille Chevillard. Paris, Durand et fils, edit. libr. Fischbacher. — 12°. VI, 91 S. fr. 1,50.

Wieder, F. C. De schriftuurlijke liedekens de liederen der Nederlandsche hertrouwden tot op het jaar 1566. Inhoudsbeschrijving en bibliographie. 's-Gravenhage, Nijhoff. — gr. 8°. VIII, 203 S. fl. 3.

Wiesbaden. Festspiele 1900 vom 16.—35.V. — qu. gr. 8°. (16 S. m. 12 Taf.) Nebst: **Reiser, Fritz:** Carl Maria v. Weber: Oberon. Wiesbadener Bearbeitung. Mit besond. Berücksichtigung der melodramat. Ergänzg. v. Jos. Schlar erläutert. Wiesbaden (Moritz & Münzel). — qu. gr. 8°. 16 S. .# 1,50.

Witting, C. Geschichte des Violinspiels. Köln, von Ende. — 8°. .# 1,50.

Zelle, Friedrich. * Die Singweisen der ältesten evangelischen Lieder. II: Die Melodien aus dem Jahre 1525. (Programm No. 126.) Berlin, Gaertner. — 4° (S. 25 bis 44).

Zimmern, Heinr. Beiträge zur Kenntnis der babylonischen Religion. Ritualtafeln f. den Wahrsager, Beschwörer u. Sänger. ("Assyriologische Bibliothek", XII, Lfg. 1—3.) Leipzig, Hinrichs. — 1°. (S. 1 bis 226 m. 40 autogr. Taf.) .# 65.

Zottoli, Carmine. Le arti e il cattolicismo; conferenza letta nel salone del palazzo arcivescovile [in Salerno] la sera del 5 luglio 1900. Salerno, stab. tip. del Commercio Antonio Volpe e C. — 8°, 26 S.

Biographien und Monographien in Sammlungen.

Gesammelte Aufsätze über Musik und Musiker.

Bellaigue, Camille. Impressions musicales et littéraires. Paris, Delagrave. — 12°. 451 S. fr. 3,50.

Bellaigue, Camille. Musical studies et silhouettes. Translated from the French by Ellen Orr. New York, Dodd-Mead & Co. — 12°. III, 375 S. Doll. 1,50. With Illustrations.

Bruneau, Alfred. Musiques d'hier et de demain.[1]) Paris, Fasquelle. — 18°. III, 287 S. fr. 3,50.

Buel, Ja. W. The great operas; romantic legends upon which the masters of song have founded their famous lyrical compositions; introduced by G. Verdi. Philadelphia, Société Universelle Lyrique. — Fol. 10 Sections, 513 S. Doll. 10,0. Superbe ed. Doll. 1250. [Ed. limited to 50 copies.]

Bumpus, John S. Irish Church Composers. (A paper, part 1, read before the Musical Association, on the 13th Febr. 1900. Publ. in The musical Times, March 1900.) London, Novello.

Campbell, Duncan. Hymns & hymn makers. New York, imp. by Scribner. — 12°. 195 S. 0,75 c.

Edwards, H. Sutherland. Personal Recollections. London - New York, Cassell & Co. — 8°. VIII, 280 S. 7 s. 6 d. (Doll. 1,50.)

Finck, Henry Theophilus. Song and Song Writers. (The Music Lover's Library.) London, John Murray. — New York, Scribner. — 12°. 254 S. With 8 Portraits. Doll. 1,25.[1])

---

1) Sammlung der Musik-Kritiken, die d Komponist Bruneau im „Figaro" veröffentlichte.

---

1) Dasselbe Buch hat die Firma L. C. Page & Co. in Boston publiciert.

Gerhard, J. W. Opera gids. Handleiding voor de bezoekers der Nederlandsche opera. No. 30—32. (No. 30 Herodiade. Muziek van J. Massenet. 15 S. m. 1 portr. — No. 31. De profeet. Muziek van G. Meyerbeer. 16 S. m. 1 portr. — No. 32. De meesterzingers van Neurenberg. Muziek van Rich. Wagner. 18 S. m. 2 portr. Amsterdam, J. F. A. Vlaanderen. — 8°. à fl. 0,10.

Gibaux, Louis. De l'Exploitation des Oeuvres musicales par l'exécution publique. (Thèse.) Paris, Arthur Rousseau. — 8°. VIII, 211 S. 4 fr.

Harding, H. A. Woman as a Musician. (A paper read before the Incorporated Society of Musicians was held, from the 2nd to the 5th Jan. 1900. Pnbl. in The musical Times, Febr. 1900.) London, Novello.

Hausegger, Friedrich v. Unsere deutschen Meister Bach, Mozart, Beethoven, Wagner. München, Bruckmann, — gr. 8°. XV, 244 S. ℳ 5,00.

Haustein,° Adalbert v. Musiker- und Dichterbriefe an Paul Kuczynski. Berlin, „Harmonie". — 8°. 238 S. ℳ 4.

Heinecke, H. Musique et Musiciens. Paris, Hachette & Cie. — 8°. 215 S. fr. 2.

Horovitz-Barnay, Ilka. Berühmte Musiker. Erinnerungen. Berlin, Concordia. — 8°. VII, 119 S. ℳ 2.

Hughes, Rupert. Contemporary American composers; being a study of the music of this country, its present conditions and its future, with critical estimates and biographies of the principal living composers. („Music Lovers Series".) Boston, L. C. Page & Co. — 12°. XIX, 456 S. Doll. 1,50.

Huneker, James. Mezzotints in modern music, Brahms, Tschaïkowsky, Chopin, Rich. Strauss, Liszt, and Wagner. New York, Scribner. — 12°. Doll. 2. London, imp. by Reeves. — 8°. 322 S. 7 s. 6 d.

Krause, Theodor. Ueber Musik und Musiker. Drei Reden: 1. Auf Robert Radecke. 2. Auf Albert Löschhorn. 3. Zur Jahrhundertwende. Gehalten im kgl. akademischen Institut f. Kirchenmusik. Berlin, Mittler & Sohn. — 8°. 25 S. ℳ 0,75.

Kretzschmar, Herm. Kleiner Konzertführer. 15 Nrn. Leipzig, Breitkopf & Härtel. — 12°. à ℳ 0,10.

Kufferath, Maurice. Musiciens et Philosophes. Paris, Felix Alcan.

Lahee, Henry C. Famous pianists of today and yesterday. („Music lover's series.") Boston, L. C. Page & Co. — 12°. V, 315 S. Doll. 1,50.

Lahee, H. C. Famous violinists of today and yesterday. („Music lover's series.") Boston, L. C. Page & Co. — 12°. Doll. 1,50.

La Mara. Musikalische Studienköpfe. 4. Bd.: Classiker. 4. Aufl. Leipzig, Breitkopf & Härtel. — 8°. 480 S. m. 1 Bildnistafel. ℳ 4.

Lavignac, Albert. Music and Musicians. Transl. by Wm Marchant. 2d ed. New York (London), Henry Holt & Co. — 8°. Doll. 3.

Lenz, W. v. — Great piano virtuosos of our time (Liszt, Chopin, Tausig, Henselt); from the German, by Madeline R. Baker. New York, Schirmer. — 12°. VIII, 170 S. Doll. 1,25.

Lillie, Lucy C. Music and musicians. New ed. New York, Harper & Brothers. — 16°. 60 c.

Maitland, Fuller. Musicians (Essay in „Unwritten laws and ideals of active careers" by E. H. Pitcairn.) London, Smith-Elder & Co.

Mason, William. Memories of a musical life. By —. London, („The Century Magazine", July Number 1900.)

Der Musikführer. Red. v. A. Morin. No. 159, 161. Stuttgart, J. Schmitt[¹]. — 12°. à Nummer ℳ 0,20.

¹) Der Verlag ist an H. Seemann Nachf. (Leipzig) übergegangen.

Opernführer. No. 1—33. Leipzig. Herm. Seemann Nachf. Schmal gr. 8°. à ℳ 0,50.
1. Beethoven, Fidelio. (Ferd. Pfohl.)
2. Lortsing, Zar und Zimmermann. (H. Bulthaupt.)
3. Cherubini, Der Wasserträger. (F. O. Nodnagel.)
4. Berlioz, Die Trojaner. (Arthur Smolian.)
5. 6. Mozart, Don Juan. (Hans Merian.)
7. 8. „ Die Hochzeit des Figaro. (Hans Merian.)
9. 10. „ Die Zauberflöte. (Hans Merian.)
11. Kretschmer, Eduard, Die Folkunger. (Otto Schmid.)
12. Wagner, Siegfried, Der Bärenhäuter. (Hans Merian.)
13. Bungert, Odysseus Heimkehr. (Max Chop.)
14. „ Kirke. (Max Chop.)
15. „ Nausikaa. „
16. Méhul, Joseph. Ernst Otto Nodnagel.)
17. Gounod, Margarethe. (Peter Raabe.)
18. Thomas, Mignon. „
19. d'Albert, Kain. Die Abreise. (A. Smolian.)
20. Donizetti, Marie od. Die Tochter des Regiments. (Ernst Otto Nodnagel.)
21. Flotow, Martha. Alessandro Stradella. (Max Chop.)
22. 23. Wagner, Richard, Die Meistersinger von Nürnberg. (Hans Merian.)
24. Donizetti, Lucia von Lammermoor. (Ernst Otto Nodnagel.)
25. Goetz, Herman, Der Widerspänstigen Zähmung. (Arthur Smolian.)
26. Wolf, Hugo, Der Corregidor. (Rich. Batka.)
27. Kreutzer, Conr. Das Nachtlager in Granada. (Max Chop.)
28. Mendelssohn, Arnold. Elsi, die seltsame Magd. (Ernst Otto Nodnagel.)
29. Schillings, Ingwelde.(Wilh.Mauke.)
30. Wagner, Rich., Lohengrin. (Ferd. Pfohl.)
31. Berlioz, Hector. Benvenuto Cellini. (Arth. Smolian.)
32. Grammann, Carl. Das Andreasfest. (Ludwig Hartmann.)
33. Grammann, Carl. Auf neutralem Boden. (Ludwig Hartmann.)
Jahrbuch 1900.

Neue Oper. Inhalt und Musik. Herausgegeben von W. Klefeld. Heft 2[1]): Kienzl: Don Quixote. Berlin, „Harmonie". — 8°. ℳ 0,30.
Reimann, Heinr. Musikalische Rückblicke. 2 Bände. (Band 1 : Kritisches u. Historisches. Band 2: Modernes. Organistica.) Berlin, „Harmonie". — 8°. 127, 208 S. . ℳ 6.
Reinecke, Carl. „und manche liebe Schatten steigen auf." Gedenkblätter an berühmte Musiker. Leipzig, Gebr. Reinecke. — 8°. 164 S. m. 9 Portr. . ℳ 3.
Riemann, Hugo. Praeludien u. Studien. Gesammelte Aufsätze zur Aesthetik, Theorie und Geschichte der Musik. Bd. 2. Leipzig, Herm. Seemann Nachf. — gr. 8°. V, 234 S. . ℳ 3.
Rowlands, W. Among the great masters of music: scenes in the Lives of famous Musicians; 32 reproductions of famous paintings. Boston, Dana Estes a Co. — 12°. IX, 233 S. Doll. 1,50.
Saint-Saëns, Camille. Portraits et Souvenirs. (Berlioz, Bizet, Liszt, Rubinstein, Gounod &c.) Paris, Société d'édition artistique (rue Louis le Grand, 32—34). — 16°. 246 S. fr. 4.
Strang, Lewis C. Prima Donnas and Soubrettes of light Opera and musical Comedy in America. Boston, L. C. Page & Co. — 12°. VI, 293 S. Doll. 1,50.
Strang, Lewis C. Celebrated comedians of light opera and musical comedy in America. Boston, L. C. Page & Co. — 12°. XV, 270 S. Doll. 1,50. Each illustrated with 25 full-page plates in photogravure and half-tone.
Tapper, T. Pictures from the lives of the great composers for children. Philadelphia, Presser. — 12°. 185 S. Doll. 1,25.
Viotta, H. Helden der toonkunst van de 16e eeuw tot op onzen tijd. Met 32 portr. Afl. 1.—10. Haarlem, Willink (1899). — 8°. fl. 6,5.
Wossidlo's, Walth. Opern - Bibliothek. Populäre Führer durch Poesie und Musik. (1898: No. 1—11; 1899: No. 12—24, 26, 28, 30, 40, 52; 1900: No. 25, 27, 29, 31—39, 41—51, 53—60, 62, 63, 73, 77.) Leipzig, Rühle & Wendling. 8°. à ℳ 0,20.

[1]) Heft 1 s. im Jahrbuch für 1898, S. 88.

Biographien und Monographien.

Alfieri, Vittorio, Drammaturgo.
Neretti, L. La musica e l'Alfieri:
studio. Parte 1. Firenze, tip. Cooperativa.
— 16°. 51 S. L. 1.
— Magnoni, Teresita. Le donne delle
tragedie di Vittorio Alfieri. Napoli,
stab. tip. di Gennaro M. Priore. — 16°.
225 S. L. 2.

Bach, Joh. Seb.
(Beer, R.)° Der Bach-Verein zu Leipzig
in den Jahren 1875—1899. Leipzig
(1900). — 8°. 32 S.
— Kufferath, M.° Jean-Sébastian Bach
(1685—1750). Bruxelles, „Le Guide
musical", No. 29—32.
— Lidgey, Charles A. Bach. London,
J. M. Dent & Co.'s. (New York, Dutton.)
— 8°. with Illustrations and Portraits.
3 s. 6 d. (12°. Doll. 1,25.)
— Schering, Arnold.° Bach's Text-
behandlung. Ein Beitrag zum Verständnis Joh. Seb. Bach'scher Vokal-Schöp-
fungen. Leipzig, Kahnt. — 8°. 38 S.
ℳ 0,50.
— Stein, Bruno. Johann Sebastian Bach
und die Familie der „Bache". (Zum
150. Todestage Bachs.) Bielefeld, Hel-
mich. — gr. 8°. ℳ 0,50.
— Thomas, Fr.° Einige Ergebnisse über
Joh. Seb. Bachs Ohrdrufer Schulzeit,
aus der Matrikel des Lyceums geschöpft.
(Programm des gräflich Gleichenschen
Gymnasiums zu Ohrdruf für das Schul-
jahr 1899/1900.) Ohrdruf, Druck von
Herm. Lucas. — 4°. 16 S. ℳ 2.
— Williams, C. F. A. Bach. („The Master
Musicians.") With Illustration and Por-
traits. London, Dent. (New York,
Dutton.) — 8°. 236 S. 3 s. 6 d. (12°.
Doll. 1,25.)

Beethoven, L. v.
Beethoven's Symphonien, erläutert mit
Notenbeispielen von G. Erlanger, Helm,
Morin, Radecke, Sittard und Witting,
nebst einer Einleitung: L. v. Beethoven's
Leben und Wirken . . . von A. Poch-
hammer. 2. [Titel] Aufl. Leipzig, Herm.
Seemann Nachf. — 8°. 222 S. ℳ 2.

Beethoven, L. v.
Cœur, Pierre. L'Ame de Beethoven.
Adapted and ed. by De V. Payen-Payne.
Authorized ed. London — New York,
Macmillan. (Siepmanns elementary French
series.) — 12°. 156 S. s. 2. (50 c.)
— Crowest, Frederick J. Beethoven.
(The Master Musicians Series.) London,
J. M. Dent and Comp.
— Elterlein, Ernst v. — Beethoven's
Symphonies . . ., with an account of the
facts relating to the „Tenth Symphony"
by L. Nohl; transl. by F. Weber. New
ed. New York, imp. by Scribner. — 12°.
143 S. Doll. 1,50.
— Grove, George. Beethoven and his
nine Symphonies. Third Edition, revised.
London, Novello. — 8°. 407 S. s. 6.
— Harding, H. A. 350 Questions on
the Form and Tonality of Beethoven's
Pianoforte Sonatas. London, Novello.
— 8°. 22 S. s. 0,6.
— Imbert, Hugues.° La Symphonie
après Beethoven. (Le Guide musical,
1900: No. 33—39.) Bruxelles, Office
centrale, 11 Galerie du Roi.
— Sternfeld, Rich.° Zur Einführung in
L. v. Beethovens Missa solemnis. Berlin,
„Harmonie". — 8°. Mit vielen Noten-
beispielen. 77 S. ℳ 1,50.
— Thayer, Alex. Wheelock. Ludwig
v. Beethovens Leben. Nach dem Original-
Manuscript deutsch bearbeitet. 2. Auflage
von Hermann Deiters. Band 1. Berlin,
W.Weber. — 8°. XXXII, 480, 4 S. ℳ 9.

Bellini, Vincenzo.
Cametti, Alberto.° Bellini a Roma.
Brevi appunti storici. Roma, tip. della
pace di Filippo Cuggiani. — 8°. 19 S.
Edizione fuori commerzio a cura della
R. Accademia di Santa Cecilia.

Berlioz, Hector.
Berlioz, Hector, sein Leben und
seine Werke von Arth. Hahn, L. Volta,
Adolph Pochhammer, Aug. Grüters und
Fritz Volbach. Musiker u. ihre Werke.)
Leipzig, H. Seemann Nachf. — gr. 8°.
157 S. ℳ 3.

Berlioz, Hector.

László, Akos.° Der Ursprung des Rákóczy-Marsches aus H. Berlioz' „Faust's Verdammung". (Signale 1900, S. 417 —418.) Leipzig, Bartholf. Senff.

— Pohl, Louise.° Hector Berlioz' Leben und Werke. Leipzig, Leuckart. — 8°. VII, 282 S. Mit 1 Portrait und 1 Facsimile. .₼ 4.

— Schalts, W. E. „Requiem" von Hector Berlioz. Op. 5. Kritische Analyse. (Russ. Text.) St. Petersburg, Verlag der Russ. Mus. Ztg. — 24°. 32 S.

Beza, Theodore.

Baird, Henry Martyn. Theodore Beza: Counsellor of the French Reformation, 1519-1605. („Heroes of the Reformation" Series No. 4.) Fully illustrated. London — New York, G. P. Putnam's Sons'. — 8°. 368 S. s. 6. (Doll. 1,50.)

— Bernus, Auguste. Théodore de Bèze à Lausanne. Lausanne, Georges Bridel & Cⁱᵉ. — 12°. fr. 1.

Bizet, Georges.

Imbert, Hugues.° Georges Bizet. Paris, Ollendorf (1899). — 4°. 16 S. avec grav. fr. 5.

Blockx, Jan.

Parville, Rob. Thyl Uylenspiegel, Drame lyrique en 3 actes et 4 tableaux. Musique de Jan Blockx, paroles d'Henri Cain et Lucien Solvay. Résumé du poème, analyse thématique. Bruxelles, Ralat. — 12°. 67 S. fr. 1.

— Vantijn, Sidney. Thyl Uylenspiegel. Musique de Jan Blockx. (Revue de Belgique: 1900, p. 123—134.) Bruxelles.

Bossi, Enrico.

Gernsheim, Frdr. Einführung in „Das hohe Lied" (Canticum canticorum). Op. 120. Leipzig, Ricter-Biedermann. — gr. 8°. 21 S. mit 1 Bildniss. .₼ 0,30.

Brahms, Joh.

Dietrich, Alb., and J. V. Widmann. Recollections of Joh. Brahms; tr. by Dora E. Hecht. New York, impr. by Scribner. — 12°. 211 S. Doll. 2.

Bülow, Hans v.

Bülow, Hans v.° Briefe u. Schriften. Herausgegeben von Marie von Bülow. V. Band. Briefe 4. Band, 1864—1872. Leipzig, Breitkopf & Härtel. — 8°. XII, 582 S. ₼ 6.

Calvin, Jean.

Doumergue, Emile. Jean Calvin. Les hommes et les choses de son temps. Tome premier: La Jeunesse de Calvin. Lausanne, chez Georges Bridel & Cⁱᵉ. (1899). — In 4°. 650 pages, orné de la reproduction de 157 estampes anciennes, autographes, etc., et de 113 dessins originaux par H. Armand Delille. fr. 30. On peut encore souscrire à l'ouvrage complet, qui comprendra 5 volumes pour le prix de 110 fr.

— Johnson, T. C. John Calvin and the Genevan Reformation. Richmond, Va., Presbyterian Committee of Publication. — 8°. c. 50.

Carissimi, Giacomo.

Quittard, Giacomo Carissimi. (La Tribune de Saint-Gervais, 1900: No. 5—10.) Paris, aux bureaux de la Schola cantorum.

Chopin, Fréd.

Dukas, Paul. Le monument de Chopin, (La Revue hebdomadaire, Dixième Année, 1ᵉʳ Déc.) Paris, Plon-Nourrit & Cⁱᵉ.

— Huneker, James. Chopin: the man and his music. New York, Charles Scribner's Sons. (London, imported by William Reeves). — 12°. VIII, 415 S. Doll. 2 (s. 10).

— Huneker, James. Frederic Chopin. Poet and Psychologist. („Scribner's Magazine", Febr. Number.) London, Sampson Low. — Fol. 1 s.

— s. Leuz: Great piano virtuosos: Biographien u. Monographien I. Sammlungen.

— Liszt, Franz. Life of Chopin. Translated in full by John Broadhouse. London, Reeves. — 8°. s. 6. (New York, imp. by Scribner. — 12°. 240 S. Doll. 2,25.)

Cimarosa, Domenico.

Cambiasi, Pompeo.° Centenario Cimarosiano. Notizie sulla vita e sulle opere di Domenico Cimarosa. (Estratto dalla „Gazzetta musicale di Milano", 1900: No. 49—52; 1901: No. 1—5. 8.) Milano, Ricordi. — 8°. L. 2.

7 *

Cowen, Frederic H.
Cowen, Fr. H. My own music: how it affects me. (No. 1 of the new weekly review „The Loudoner", edited by Alfred Kalisch.) London.

Cranmer, Thomas.
Innes, A. D. Cranmar and the Reformation in England. (World's Epoch Makers.) New York, Scribner. — 12°. Doll. 1,25.

Dittersdorf, Karl von —.
Krebs, Carl.° Dittersdortiana. Berlin, Gebr. Paetel. — gr. 8°. V, 182 S. ℳ 5.

Franck, César.
Garnier, Paul Louis. L'Héroisme de César Franck. Psychologie musicale. Paris, Ollendorf. — 18°. 33 S.

Gantez, Annibal.
Villetard, H. Annibal Gantez, maître de chapelle d'Auxerre au XVII° siècle; par l'abbé —. Curé de Serrigny. (Extr. de „la Tribune de Saint-Gervais".) Paris, bureaux de la Schola cantorum. — 8°. 12 S.

Garat, Pierre-Jean (chanteur français).
Lafond, Paul. Garat (1762—1823). Paris, Calmann Lévy (1899). — 8°. XI, 365 S. et 1 portrait. fr. 7,50.

Gluck, Christoph Willibald.
*** Le Chevalier Gluck et le Leitmotif. (La Revue de Paris, 15. Sept. 1900.) Paris, Calmann-Lévy.

Goethe, Wolfgang.
Boutarel, Amédée.° La vraie Marguerite et l'interprétation musicale de l'Âme féminine, d'après le „Faust" de Goethe. (Extrait du Ménestrel, No. 30-44.) Paris, Heugel et C°. — 8°. 80 S. fr. 1,75.

Goldoni, Carlo.
Musatti, Cesare.° Drammi musicali di Carlo Goldoni e d'Altri tratti dalle sue Commedie. Seconda Edizione. Bassano, tipogr. Sante Pozzato. — 8°. 12 S.

Gounod, Charles.
Martinengo-Cesaresco, Baroness. Conversations with Gounod. (Macmillan's „Magazine": July 1900.) London, Macmillan.

— Servières, G.° La Légende de la „Reine de Saba" et l'opéra de Ch. Gounod. (Le Guide Musical, No. 48.) Bruxelles, 18, rue de l'Arbre (Paris, Fischbacher).

Habert, Joh. Ev.
Hartl, Alois. Joh. Ev. Habert, Organist in Gmunden. Ein Lebensbild. Wien, Kirsch. — 8°. VII, 723 S. ℳ 10.

Hale, Adan (!) de la —.
Berger, Rudolf.° Canchons und Partures d. altfranzösischen Trouverc Adan (!) de le Hale le Bochu d'Aras. I. Canchons. Halle, Druck von Erh. Karras (1899). 8°. 49 S.

Händel, Georg Friedrich.
Statham, Heathcote. The Genius of Händel. (The Nineteenth Century, No. 280; Juni 1900.) London, Sampson Low.

— Volbach, Fritz.° Die Praxis der Händel-Aufführung. 2. Theil: Das Händel-Orchester. I: Das Streichorchester. (Diss.) Bonn (1899). — 4°. 17 S. m. 2 Beilagen.

— Weber, Wilh.° G. F. Händels Oratorien, übers. u. bearb. v. Fr. Chrysander, erläutert von —. II: „Messias". [No. 1 s. im 5. Bande dieser Publikation, S. 91.] Augsburg, Schlosser. — 8°. 24 S. ℳ 0,50.

— Williams, C. F. A. Handel. (The Master Musicians Series.) London, J. M. Dent & Co.'s. — 8°, 3 s. 6 d. with Illustrations in Photogravure, Line, and Half-Ton.

Hartmann, Joh. Peter Emil.
Hammerich, Angul. J. P. E. Hartmann. Biographie. „Nordisk Tidskrift". Stockholm, Heft 8. S. 603—627.

— Ploug, Hother. J. P. E. Hartmann og hans Kunst. „Dansk Tidskrift", S. 305—321. Kopenhagen.

Helmholtz, Herm. Ldwg. Ferd. v. —.
Mc. Kendrick, John Gray. Helmholtz. New York, Longmans, Green & Co. — 8°. Doll. 1,25.

Henselt, Adolf v. s. Lenz, W. v.: Great piano virtuosos: Biographien u. Monographien in Sammlungen.

Herzogenberg, Heinr. von —.
Spitta, Friedrich.° Heinrich von Herzogenberg und die evangel. Kirchenmusik. Sonderabdruck aus der Monatsschrift für Gottesdienst u. kirchl. Kunst. Göttingen, Vandenhoeck & Ruprecht, V. Jahrg. 1900, No. 11. Leipzig, Rieter-Biedermann. — 8°. 16 S.

Herzogenberg, Heinr. von —.

Verzeichniss* der Compositionen von Heinrich von Herzogenberg aus dem Verlage v. J. Rieter-Biedermann, Leipzig, — 8°. 32 S.

Humperdinck, Engelbert.

s. Maridort, Pierre, unter Ästhetik.

Jensen, Adolf.

Niggli, A.° Adolf Jensen . . . . s. im vorigen Jahrgange S. 91.

Joachim, Joseph.

Moser, Andr. Joseph Joachim. Ein Lebensbild. 2. Auflage. 3 Taus. Berlin, Behrs Verl. — gr. 8°. IX, 303 S. mit 9 Bildnistafeln und 3 Fksms. ℳ 5.

— Moser, Andreas. Joseph Joachim. A biography. Translated by Lilla Durham. London, Philip Wellby. — gr. 8°. 303 S.

Korolenko.

Korolenko (père). Le Musicien aveugle, suivi: Mon enfance. Tradnit du russe par L. Golschmann et E. Jaubert. Paris, Firmin Didot. — 4°. 285 S. avec grav. d'après les dessins de Lilonis.

Laurel, Winners (Singer).

Collings, W. F. Laurel Winners. San Francisco, Seymour R.Church. — 16°. 30 c.

Liszt, Franz.

Franz Liszt's Briefe an die Fürstin Carolyne Sayn-Wittgenstein. 2. Theil. Herausgegeben von La Mara. Leipzig, Breitkopf & Härtel. — 8°. 244 S. mit 3 Abbildungen. ℳ 4.

— Lettres. Rassemblées et éditées par La Mara. Vol. 4°: Lettres à la Princesse Carolyne Sayn-Wittgenstein. Leipzig, Breitkopf & Härtel. (Paris, Fischbacher.) 8°. XXII, 555 S. m. 2 Portr. ℳ S. (fr. 10.)

— s. Lenz, W. v.: Great piano Virtuosos: Biographien und Monographien in Sammlungen.

— s. Wagner, Correspondence.

Lortzing, Albert.

Bürner, Rich. Albert Lortzing in Detmold, Pyrmont, Münster und Osnabrück. 1. 2. Auflage. Detmold, Borgmann. — 8°. 27 S. ℳ 0.50.

— Webster, C. A. Pamphlet on Albert Lortzing, the most celebrated composer of German Comic Opera. London, Norello and Comp. — 8°. 6 pence.

Luther, Martin.

Lindsay, T. M. Luther and the German Reformation. (The World's Epoch-Makers.) New York, Charles Scribner's Sons. — 12°. Doll. 1,25.

Maltarello, Vincenzo.

[Cenni sulla vita di Vicenzo Maltarella e sulla sua fabbrica di pianoforti in Vicenza.] Vicenza, tip. lit. G. Raschi. — 4°. 24 S.

Mascagni, Pietro.

Torgioni-Tozetti, G. e Mennsci, G. Vistilia. Scene liriche per la musica di P. Mascagni. Livorno, S. Belforte e C. 16°. 112 S. L. 2.

Maurel, Victor.

Maurel, Victor. — Dix ans de carrière. Avec une préface de Léon Kerst. Paris, Villerelle. — 18°. XV, 425 S. avec portraits. fr. 3,50.

Mendelssohn-Bartholdy, Felix.

Edwards, F. G. The History of Mendelssohn's Oratorio „Elijah". 2d Ed. London, Novello and Comp. Ltd. — 8°. 139 S. 3 s. 6 d. 5 Portraits, 2 Fcs. of Mendelssohn's Metronomic Times for „Elijah" and of a Letter from Mendelssohn to Wm. Bartholomew, the English Translator of „Elijah".

— Kling, H.° Felix Mendelssohn en Suisse, d'après sa correspondance.[1]) (Le Ménestrel, 1900: No. 13—29.) Paris, Heugel.

— Stratton, Stephen S. Mendelssohn. (The Master Musicians Series.) London, J. M. Dent & Co.'s. — 8°. 3 s. 6 d. with Illustrations in Photogravure, Line, and Half-Tone.

Meyerbeer, Giacomo.

Tardel, F. Die Sage von Robert dem Teufel in neueren deutschen Dichtungen und in Meyerbeers Oper. (Forschungen zur neueren Litteraturgeschichte, 11. Bd.) Berlin, Duncker. — 8°. V, 82 S. ℳ 2.

---

[1]) Erschien zuerst, aber nur bis zu dem Briefe Mendelssohns aus Charney am 6. Aug. 1831, 1872 (No. 22) in der vom Comte de Chalot geleiteten „Revue internationale de Musique", Paris. Das Unternehmen endete mit No. 22.

Mozart, W. A.

Korganow. Mozart Biographie. (Russ. Text.) St. Petersburg, M. O. Wolf. — 8°. VII, 447 S. 4 Rub.

— Merian, Hans. Mozarts Meisteropern. 1. Mozart als Dramatiker. 2. Die Hochzeit des Figaro. 3. Don Juan. 4. Die Zauberflöte. (Musiker und ihre Werke.) Leipzig, H. Seemann Nachf. — gr. 8°. 291 S. ℳ 4.

— Mittheilungen° f. d. Mozart-Gemeinde in Berlin. Herausgegeben v. Rud. Genée. 9. 10. Heft. Berlin, Mittler & Sohn. — 8°. S. 265—326. Mit Notenbeilagen zum 9. Heft: Duett aus „L'Oca del Cairo" v. W. A. Mozart. Zum 10. Heft: Der vierte Psalm „Erhöre, wenn ich flehe" von Maximilian Stadler (für eine Singstimme und Klavierbegleitung). ∆ Heft ℳ 1,50.

— Rau, Heribert. The tone king: a romance of the life of Mozart; from the German by J. E. St. Quintin Rae. New-York, imp. by Scribner.[1] — 12°. 480 S. Doll. 2,40.

— Schultz, Detlef°. Mozarts Jugendsinfonien. Leipzig, Breitkopf & Härtel. 8°. 101 S. ℳ 3.

Nietzsche, Fr.

Crawfurd, Oswald. Nietzsche: an Appreciation. (The Nineteenth Century, No. 284 Oct. 1900.) London, Sampson Low, Marston & Co. Ltd.

— Fernández, Juan. Así hablaba Zaratustra; un libro para todos y para nadie. Traducción directa del alemán, esmeradamente cotejada con las traducciones inglesa, francesa é italiana. Madrid, imprenta de Avrial. — 4°. 373 S. 7 Pes.

— García Robles, José. El crepúsculo de los idolos. Traduccion de —. Madrid, impr. de Enrique Fernández Rojas. — 8°. 165 S. 2 Pes.

— Gaultier, Jules de. De Kant à Nietzsche. Paris, Lib. de la Société du Mercure de France. — 18°. 356 S. fr. 3,50.

[1] Dasselbe Buch mit der gleichen Übersetzung erschien auch bei Dodd-Mead & Co. in New York: 12°. V, 587 S. Doll. 1,50.

Nietzsche, Fr.

Horneffer, Ernst. Gedächtnis-Rede auf Friedrich Nietzsche. Göttingen, F. Wunder. — gr. 8°. 15 S. ℳ 0,50.

— Kalthoff, A. Friedrich Nietzsche und die Kulturprobleme unserer Zeit. Vorträge. Berlin, Schwetschke & Sohn. — gr. 8°. VII, 320 S. ℳ 4.

— Nietzsche, Fr., Gesammelte Briefe. Band I. Herausgegeben von Peter Gast und Arthur Seidl. Berlin und Leipzig, Schuster & Loeffler. — 8°. XV, 480 S. ℳ 10.

— Tantzscher, Geo. Friedrich Nietzsche und die Neuromantik. Eine Zeitstudie. Dorpat, J. G. Krüger in Komm. — gr. 8°. 102 S. ℳ 2.

— Zeitler, Jul. Nietzsches Ästhetik. Leipzig, H. Seemann Nachf. — gr. 8°. IV, 308 S. ℳ 3.

Niklsch, Arthur.

Pfohl, Ferd. Arthur Nikisch als Mensch und als Künstler. Leipzig, H. Seemann Nachf. — schmal gr. 8°. 54 S. mit Abbildungen. ℳ 1.

Paderewski, Ignaz Jan.

Paderewski, Ignaz Jan. Century library of music. New York, Century Co. — 12°. Illustr. with music, Fol. Doll. 4.

Paganini, Niccolò.

Kross, Emil. Ueber das Studium der 24 Capricen Paganinis und die Art und Weise, wie diese durch Paganinis Hand- und Armstellung auch von kleineren Händen überwunden werden können. Erläutert durch 15 Abbildungen nach photographischen Aufnahmen des Herausgebers. Mainz, B. Schotts Söhne. — gr. 4°. 12 S. ℳ 2,50.

Palestrina, Giov. Pierluigi da —

Bordes, Étude Palestrinienne (La Tribune de Saint-Gervais, Déc. 1899. 1900: Janv.) Paris, Aux bureaux de la Schola Cantorum.

— s. Ducret (Besond. Musiklehre: Kirchengesang.)

— Dupoux, J. Studi sul Canto Liturgico, Palestrina e l'Edizione Medicea. („La Santa Cecilia", No. 7, gennaio 1900.) Torino, Capra. — 8°.

Palestrina, Giov. Pierluigi da –
Martin, Albert. Palestrina et l'édition
médicéenne. Arras, impr. et libr. Sueur-
Charruey. Paris, libr. de la même maison.
— 8°. 16 S.
— Respighi, Carlo. Nuovo studio su
Giovanni Pier Luigi (!) da Palestrina e
l'emendazione del Graduale Romano; con
appendice e documenti. Roma, Desclée-
Lefebure. — 8°. 140 S. L. 3.

Pergolesi, G. B.
Faustini-Fasini, E.° G. B. Pergolesi
attraverso i suoi biografi e le sue opere:
nuovi contributi corredati da vari documenti sin ora inediti. (Estr. dalla Gazzetta
musicale di Milano, anno 1899—1900.)
Milano, Ricordi. — 8°. XV, 169 S. L. 2.

Perosi, Lorenzo.
Natale II del Redentore: oratorio
per canto e orchestra, di Lorenzo Perosi.
Milano, stab. tip. pont. A. Bertarelli. —
8°. 15 S.
— Strage (La) degli innocenti: oratorio
in due parti par canto e orchestra, di
Lorenzo Perosi. Milano, stab. tip. pont.
A. Bertarelli. — 8°. 12 S. L. 0,30.

Ponte, Lorenzo da –
Marchesan, Angelo.° Della Vita e
delle Opere di Lorenzo da Ponte. („Col-
lectione di Scritti inediti o rari di Lettera-
tura e Storia Trivigana", IV.) Treviso,
tipr. Turazza. — 8°. XXVI, 511 S. L. 4.

Puccini, Giacomo.
Considerazioni sulla musica contem-
poranea, con speciale riguardo al maestro
G. Puccini ed alla sua opera „Tosca".
Civitavecchia, tipogr. V. Strambi. — 8°.
31 S.
— Incagliati, Matteo. Giacomo Puccini
e la „Tosca". Roma, tip. Strambi. — 8°.
— Numero unico.° Milano, Gennaio 1900:
La Tosca [di Giacomo Puccini]. Sup-
plemento straordinario alla Gazzetta musicale ed al Palcoscenico. Dir. resp. Giraldoski-
Broglio. Milano, tip. Golio. — Fol.
12 S. fr. 0,50.
— Torchi, Luigi.° „Tosca." Melodramma
in tre Atti di Giacomo Puccino. (Estr.
dalla Rivista Musicale Italiana, Anno I,
fasc. 1.) Torino, Frat. Bocca. — 8°. 37 S.

Puccini, Giacomo.
s. Geschichte der Musik: Virgilio,
Michele.

Puschkin, A. S.
Bulitsch, S. K. Puschkin und die
russische Musik. (Russ. Text.) St. Petersburg, Druckerei M. Stassjulewitsch. —
8°. 104 S.

Reinecke, Carl.
Segnitz, Eugen. Carl Reinecke.
(Moderne Musiker.) Leipzig, Herm. See-
mann. — schmal gr. 8°. 44 S. mit einem
Bildniss. ./ 1.

Rimsky-Korsakoff, Nikol. Andrejewitsch.
Jastrebzeff, W. N. A. Rimsky-Korsakoff,
Biogr. Skizze, seine Bedeutung in der
russischen Musikgeschichte, Verzeichnis
seiner Kompositionen. (Russ. Text.) St.
Petersburg, Verl. d. Russ. Mus.-Ztg. —
16°. 27 S.

Rinuccini, Ottavio.
Civita, Amelia. Ottavio Rinuccini e
il sorgere del melodramma in Italia.
Mantova, tip. Aldo Manuzio. — 16°.
207 S. L. 3.

Rosendahl, Vanda.
Hall, W. S. Swedish Singer; or Story
of Vanda Rosendahl. New. ed. London,
Nimmo. — 8°. 160 S. s. 1.

Rousseau, Jean-Jacques.
Pougin, Arthur.° Jean-Jacques
Rousseau, Musicien. (Extrait du Ménestrel:
1899, No. 39—52. 1900, No. 1—9. 11—12.)
Paris, Fischbacher (1901). — gr. 8°. 144 S.
fr. 5. Orné de 3 gravures et d'un portrait.

Saint-Saëns, Camille.
Baumann, Emile. Camille Saint-Saëns
et „Déjanire". (Étude extraite de la
Nouvelle Revue.) Paris, A. Durand et
fils. — 18°. 18 S.
— Bauquier, Henry. Salut à Saint-Saëns!
Dit le soir de la 1re rappresentation de
„Déjanire", au théâtre de Montpellier,
le 7 déc. 1900. Montpellier, impr. Delord
Boehm et Martial.

Schildknecht, Jos. Cöl. Othmar.
Wüst, J. Nekrolog über † Musikdirektor
Jos. Cöl. Othmar Schildknecht. (Separat-
druck aus den kath. Schweizerblättern.)
Luzern, Räber. — 8°. 12 S.

Schillings, Max.

Nodnagel, Ernst Otto. *Der Pfeifertag von Max Schillings.* Einführung in Dichtung und Musik nach der Orchesterpartitur. Berlin, Bote & Bock. — 8°. 64 S. *M* 0,75.

Schubert, Franz.

Curzon, Henri de — *Les Lieder de Franz Schubert.* Esquisse critique suivie du catalogue chronologique et raisonnée des Lieder et d'une note bibliographique. Paris, (?). 12°. fr. 2,50.

— Curzon, Henri de — *Bibligraphie critique de Fr. Schubert.* Paris, (?). 8°. fr. 1.

Schumann, Rob.

Joss, Victor.* *Friedr. Wieck und sein Verhältniss zu Rob. Schumann,* Dresden, Damm. — 8°. 148 S. *M* 2,50.

— Nessáry, Aymar de — *Robert Schumann.* Étude avec les conseils aux jeunes Musiciens. Paris, Fischbacher. — 12°. XVII, 188 S. fr. 3,50.

Schuré, Edouard.

Bérenger, Henry. *Essai sur le Théâtre de l'âme d'Edouard Schuré.* Paris, Perrin et Cie. — 16°. 73 S. fr. 1.

Schütz, Heinr.

Pirro. Heinr. Schütz. (*La Tribune de Saint-Gervais.* Avril 1900.) Paris, aux bureaux de la Schola Cantorum.

— Pirro. Le formes d'expression dans la musique de H. Schütz. (Extr. de La Tribune de Saint-Gervais, No. 11.) Paris, aux bureaux de la Schola cantorum.

Schwind, Moritz v.

Trost, Alois. Moritz v. Schwind und das Wiener Opernhaus. (Aus: „Jahrbuch der kunsthistorischen Sammlungen des Allerh. Kaiserhauses".) Wien (Leipzig, G. Freytag). — gr. Fol. 6 S. mit 2 Abbildungen. *M* 3.

Shakespeare.

Elson, Louis C. *Shakespeare in music,* (Music Lovers' series.) With many illustrations in photogravure and halftone, and with numerous reproductions from old musical scores. — 12°. Doll. 2.

— Godwin, Parke. *New study of the sonnets of Shakespeare.* London—New York, Putnam. 12°. V, 366 S. Doll. 1,50.

Shakespeare.

Hartmann, Sadakichi. *Shakespeare in art.* (Art lovers' series.) Boston, L. C. Page & Co. — 12°. II, 371 S. Doll. 5.

— Sherman, L. A. *Shakespeare: artist and man.* London—New York, Macmillan Co. — 12°.

— Songs of Shakespeare. Illustr. by H. Ospovat. New York, John Lane. — 12°. Doll. 1,25.

Sseroff, Alexander Nicolajewitsch.

Findeisen, Nic. Alexander Nicolajewitsch Sseroff. Sein Leben und Wirken. (Russ. Text.) St. Petersburg, Selbstverlag. — 8°. 159 S.

Steinert, Morris.[1]

Martin, Jane. *Reminiscences of Morris Steinert;* compiled and arranged by —. (With a brief history of the pianoforte.) New York (London), Putnam. — 8°. X, 267 S. Doll. 2. (s. 9.)

Stradivari, Antonio.

Petherie, Horace. Antonio Stradivari. (The Strad,[2] No. 8.) London E. C., Fleet Street 185. — 8°. 88 S. 2 s. 6 d.

Strauss, Johann.

Procházka, Rud.* Joh. Strauss s. im vorigen Jahrgange S. 93.

— Rich. Brecher, Gustav. *Richard Strauss.* Eine monographische Skizze. Leipzig, Hermann Seemann Nachf. — Schmal gr. 8°. 57 S. mit 1 Bildnis. *M* 1.

— Hahn, Arth. Rich. Strauss' Don Quichotte. Commentaire analytique. Trad. française par Ernest Closson. Stuttgart, Schmitt. — 12°. 24 S. *M* 0,40.

— Evenepoel, Edmond.* Rich. Strauss au premier concert populaire. („Le Guide musical", t. XLVI p. 773—774.) Bruxelles.

— Marnold.* Richard Strauss. („Le Guide Musical", No. 46—50.) Bruxelles, 18 rue de l'Arbre (Paris, Fischbacher).

— Rösch, Frédr. *Une Vie de Héros.* Poème symphonique p. grand orch. par Rich. Strauss. Etude analyt. Trad. française de Ernest Closson. Leipzig, Leuckart. — 12°. 32 S. *M* 0,40.

*) Musiker u. Sammler wertvoller alter Musikinstrumente.

*) Abkürzung für Stradivari.

Sullivan, Arthur.

Lawrence, Arthur. Sir Arthur Sullivan: Life-story, Letters and Reminiscences; with critique by B. W. Findon and bibliography by Wilfrid Bendall. Chicago, H. S. Stone & Co. (London, James Bowden.) — 12°. III, 340 S. Doll. 3,50.

Tausig, Karl.

s. Lenz, W. v. Great Piano Virtuosos: Biographien und Monographien in Sammlungen.

Tinel, Edgar.

Müller-Reuter, Theodor. Godoleva von Edgar Tinel. Kleiner Konzertführer. Leipzig, Breitkopf & Härtel. — 12°. 31 S. ₰ 0,10.

Titoff, N. A.

Bulitsch, S. K. Der Ahne des russischen Kunstliedes: N. A. Titoff (1800—1875). (Russ. Text.) St. Petersburg, Verlag der Redaktion der „Russischen Musik-Zeitung". — 16°. 100 S.

— Bulitsch, S. K. Neue Materialien zur Biographie von N. A. Titoff. (1800—1875.) (Russ. Text.) St. Petersburg, Verlag der „Russischen Musik-Zeitung". — 16°. 26 S.

Tschaikowsky, Peter.

Knorr, Ivan. Peter Tschaikowsky. Berlin, „Harmonie". — 8°. Mit vielen Abbildungen u. Facsimiles. 92 S. ₰ 4.

— Malherbe, Charles. Notice sur la 6e Symphonie pathétique de P. Tschaikowsky, op. 74. Parigi, A. Noël. — 8°. fr. 1.

— Newmarch, Rosa. Tschaikowsky: his life and works, with Extracts from his Writings, Diary of Tour Abroad in 1888. London W. C., Grant Richards. — 8°. 242 S. 6 s. With Portrait. New York, Scribner (imported). 12°. 272 S. Doll. 2,40.

— Tschaïkowsky, Modest. Peter Iljitsch Tschaïkowskys Leben. (Russ. Text.) Lieferungen 1—3. Bd. I. Moskau, P. Jurgenson. — 12°. 248 S. Jede Lief. à 40 Kop.

Verdi, Giuseppe.

Perinelli, Carlo.* Gius. Verdi s. im vorigen Jahrgange S. 94.

Vivier, Eugène.

Limouzin, Charles. Eugène Vivier (gb. 1821.)[1] La vie et les aventures d'un corniste. Paris, Flammarion. — 12°. fr. 3,50.

Vogl, Heinrich.

Pfordten, Herm. Freih. v. der —. Heinrich Vogl. Zur Erinnerung u. zum Vermächtnis. München, (Haushalter). — 8°. 27 S. ₰ 0,50.

Wagner, Rich.

Bélart, Hans.* Richard Wagner in Zürich (1849—1858). 1. Bd.: Richard Wagners Wirken im Interesse Zürichs und seine geselligen und familiären Beziehungen daselbst. Leipzig, Hermann Seemann Nachf. gr. 8°. IV, 78 S. ₰ 2.

— Bräutigam, Ludw. Das französische Bayreuth. Mit 3 Ansichten v. „Théâtre antique" in Orange und den Bildnissen v. Frédéric, Mistral u. Paul Mariéton. Goslar, Lattmann. — 8°. 36 S. ₰ 1.

— u. Franz Liszt. Briefwechsel. Bd. 1 Vom Jahre 1841—1853. Band 2. Vom Jahre 1854—1861. 2. Auflage. Leipzig, Breitkopf & Härtel. — gr. 8°. 1. Bd. 299 S. 2. Bd. 332 S. ₰ 12.

— Chamberlain, Houston Stewart. Richard Wagner. Translated from the German by G. Ainslie Hight, and revised by the Author. New and cheaper Ed. London, J. M. Dent & Co.'s. (Philadelphia, J. B. Lippincott, published in connection with Messrs. J. M. Dent & Co.) — Royal 8°. 420 S. 10 s. 6 d. With Photogravure Frontispiece and many Illustrations. Doll. 4,50.

— Chamberlain, Houston Stewart. Richard Wagner. Translated from the German by G. Ainslie Hight, and revised by the Author. Original edition, with the Photogravures and Facsimiles of Music. London, J. M. Dent & Co.'s. — 4°. 420 S. 25 s.

— Chamberlain, H. St. Parsifal-Märchen. München, Bruckmann. — 4°. 65 S. ₰ 5.

— Chapin, Anna A. Wotan, Siegfried und Brünhilde. New York, Harper & Brothers. — 12°. Doll. 1,50.

[1] Nach Fétis u. Grove.

Wagner, Rich. et Franz Liszt.
Correspondence de Wagner et de Liszt.
Traduction française p. L. Schmitt. 2 Vol.
Leipzig, Breitkopf & Härtel. (Paris, Fisch-
bacher.) — 8°. IV, 308 u. IV, 307 S.
A 8. (fr. 10.)

Wagner, Rich.
— Ellis, William Aston. Life of Richard
Wagner. An authorised english version
of C. F. Glasenapp's „Das Lebeu Richard
Wagners". Vol. 1. London, Kengan Paul,
Trench, Trübner & Co. (New York,
Scribner.) — gr. 8°. 400 S. (Doll. 6.)
— Freson, J. G.° Les réprésentations
Wagner à Munich. („Guide musical",
t. LXVI, S. 790—799.) Bruxelles.
— Gjellerup, Karl. Richard Wagner in
seiner Trilogie Der Ring des Nibelungen.
Schwed. Übersetzung von F. Vult von
Steyern. Stockholm, Gernaudt. — 8°.
254 S. Kr. 3.
— Glasenapp, C. F. s. Wagner: Ellis.
— Graf, Max. Wagner-Probleme u. andere
Studien. Wien, Wiener-Verlag. — 8°.
183 S. *A* 4.
— Jadassohn, S. Melodik u. Harmonik
bei Richard Wagner. Berlin, „Har-
monie". — 8°. 28 S. *A* 0,80.
— Lemaire, J. L'amour dans le drame
wagnérien: Tristan et Iseult. Paris (1899),
impr. Wattier. — 8°.
— Lesens, Raoul. Siegfried de Rich.
Wagner, représenté pour la 1re fois, en
France, au théâtre des Arts de Rouen,
le 17. Févr. 1900. La Tétralogie, le Livret,
la Partition. Rouen, Bureau de l'Echo
de Rouen. Rouen-Artiste. — 16°. 16 S.
— Lidgey, Charles A. Wagner. (Master
musicians series.) London, J. M. Dent
& Comp. New York, Dutton. — 12°.
284 S. Doll. 1,25.
— Lüning, O. R. Wagner als Dichter
u. Denker. (SS. Neujahrsblatt d. allgem.
Musikgesellsch. in Zürich 1900.) Zürich,
Hug. — 4°. 39 S. *A* 3.
— s. Maridort, Pierre uuter Ästhetik.
— Mendès, Catulle. L'Œuvre wagné-
rienne en France (pages nouvelles). Tristan
et Iseult. Paris, Fasquelle. 16°. 358 S. fr. 1.
— Meysenbug, Malwida de —: s.
Ästhetik.

Wagner, Rich.
Münzer, Georg. Zur Einführung in
Rich. Wagners „Ring des Nibelungen".
No. 1: Das Rheingold. No. 2: Die Wal-
küre. No. 3: Siegfried. No. 4: Götter-
dämmerung. Berlin, „Harmonie". —
Schmal gr. 8°. à No. 0,75; compl. in
1 Band *A* 3.
— Pfohl, Ferd. Führer durch Richard
Wagners Oper „Tannhäuser und der
Sängerkrieg a. d. Wartburg. (Pariser Be-
arbeitung.) 4. Auflage. Leipzig, Rein-
both. — 8°. *A* 1.
— Rankin, Reginald. Wagner's Nibe-
lungen Ring done into English Verse.
Vol. 1: Rhine Gold and Valkyrie. —
London — New York, Longmans. —
12°. 4 s. 6 d. (Doll. 1,50.)
— Schuré, Ed. Erinnerungen an Rich.
Wagner. Aus d. Franz. v. Frits Ehren-
berg. Leipzig, Breitkopf & Härtel. —
8°. 58 S. *A* 1,50.
— Schuré, Eduard. Riccardo Wagner:
studio critico-biografico. Tradus. ital.
autorizzata, con note illustrative di Lorenzo
Parodi. Genova, Donath. — 16°. 325 S.
L. 3.
— Tomicich, Hugo. Welches Werk
Rich. Wagners halten Sie f. das beste?
Ansichten bekannter Persönlichkeiten.
Triest, Schmidl. — 8°. 139 S. *A* 2.
— (Wagner, Rich.) Historia de un musico
en Paris . . . trad. de José Lassalle.
Madrid, impr. de Marzo. — 12°. 96 S.
Pes. 1.
— Wagner, Rich. Prose Works. Transl.
by Wm. Aston Ellis. Vol. 8. London,
Kengan Paul, Trench, Trübner and Comp.
(New York, imp. by Scribner). — 8°.
12 s. 6 d.

Walther von der Vogelweide.
Ebner, T. Herr Walther von der Vogel-
weide von E. G. North. Authorized ed.
(Siepmann's elementary German series.)
London-New York, Macmillan. 12°. 50 c.

Weber, Carl Maria v.
Briefe von Carl Maria von Weber an
Hinrich Lichtenstein. Hrsg. v. Ernst
Rudorff. Braunschweig, Westermann. —
8°. M. 3 Port. 3 Abbildgn. u. 6 Fksms.
VIII, 252 S. *A* 4.

Weber, Carl Maria v.
Reiser, Fritz: Carl Maria v. Weber:
Oberon. Wiesbadener Bearbeitung. Mit
besond. Berücksicht. der melodramat.
Ergänzg. v. Jos. Schlar erläutert. Wiesbaden, Moritz & Münzel. — qu. gr. 8°.
16 S. ℳ 1,50.

Widor, Ch. M.
Reynaud, Hector. L'Oeuvre de Ch.
M. Widor (étude d'esthétique musicale).
Lyon, libr. Girod. — 8°. 24 S.

Wieck, Friedr. u. Robert Schumann.
Joss, Victor.* Friedr. Wieck u. sein
Verhältniss zu Rob. Schumann. Dresden,
Damm. — 8°. 148 S. Mit 4 Porträits.
ℳ 2,50.

Wolf, Hugo.
Der Corregidor. Kritische u. bio-
graphische Beiträge zu seiner Würdung.
Im Auftrage des Vereinsvorstandes red.
v. Edmund Helmer. (Hrsg.: Hugo Wolf-
Verein in Wien.) Berlin, Fischer. —
8°. V, 61 S. ℳ 0,75.

Woyrsch, Felix.
Weber, Wilh. Thematische Analyse des
Passions-Oratoriams von Felix Woyrsch.
Quedlinburg, Vieweg. — 8°. ℳ 0,30.

Zwingli, Huldreich (Ulrich).
Jackson, Samuel Macauley. Huldreich Zwingli (1484-1531). The Reformer
of German Switzerland. („Heroes of the
Reformation Series". No. 5.) Fully
illustrated. London-New York, G. P.
Putnam's Sons'. Large 12°. 6 s. (Doll. 1,50.)

Allgemeine Musiklehre.

Elementar-Harmonie, Kompositions- und Formenlehre. Über Dirigieren, Vortragslehre, Stil in der Musik.

Amory, A. H. Iets over Muziekonderwys.
Arnhem, Joh. C. M. van Mastrigt. — 8°.
23 S. d. 0,25.

Arensky, A. Kurzer Leitfaden zum prakt.
Erlernen d. Harmonie. Aus d. Russischen
übers. v. Paul Juon. Leipzig u. Moskau,
Jurgenson. — 8°. 80 S. ℳ 4,40.

Bässler, K. M. Das Fünfliniennotensystem
mit Einschaltung besonderer Noten f. die
Zwischentöne, das Oktavnotensystem u.
das reguläre Dreiliniensystem. Zwickau,
Selbstverlag. — 4°. 8 S. ℳ 0,50.

Benoit, L. .La Lecture rythmique, 100
leçons sur toutes les difficultés du rythme
et de la mesure dans les tous majeurs ou
mineurs. Paris, Paul Dupont. — 8°.
fr. 2,50.

Berlioz, Hector. Die Kunst des Dirigirens.
Auf moderner Grundlage neu bearb. u.
erweitert von C. Frhr. v. Schwerin. Heil-
bronn, C. F. Schmidt. — gr. 8°. 33 S.
ℳ 1,20.

Bogaert, Rich. Muzikale spraakleer of
leergang der grondbeginselen van muziek
in twe studiejaren. Gand, Vanderpoorten.
— 8°. 71 S. fr. 1.

Bogaert, Rich. Grammaire musicale ou
théorie principes de la musique en deux
années d'études. 3e ed., revue et aug-
mentée. Gand, Vanderpoorten. — 8°.
71 S. fr. 1.

Boise, Otis Bardwell. Harmony made
practicaL New York, Schirmer. — 12°.
151 S. Doll. 1,25.

Boutroux, Léon. La génération de la
gamme diatonique. Paris, C. Reinwald.
— Schleicher frères. — 8°. fr. 2.

Bridge, Fred. & Frank J. Sawyer. A
Course of Harmony. London, Novello.
— 8°. 3 s. 6 d.

Borrowes, J. F. Peters' Burrowes' thorough-
bass primer; containing explanations and
examples of the rudiments of harmony;
also including Burrowes companion to
thorough bass. Boston, Oliver Ditson Co.
— 12°. 114 S. 75 c.

Caravaglios, R. Tous compositeurs! clé
musicale. Paris, W. Salabert. — fr. 2,50.

Carpe, Adolph. Der Rhythmus. Sein
Wesen in d. Kunst u. seine Bedeutung
im musikal. Vortrage. Leipzig, Gebr.
Reinecke. — 8°. VII, 183 S. ℳ 4,50.

Cuwen, F. H.* On the training of conductors and Accompanists. (Read at the 15th annual Conference of the „Incorporated Society of Musicians" at Scarborough. Published in The musical Times, Febr. 1900.) London, Novello.

Cowen, F. H.* Hints on Conducting. (The musikal Times, Mai — July 1900.) London, Novello.

Darlington, Nina K. Photo-verses for Kindergarten music-building. Boston, Nina K. Darlington. — 4°. obl. Doll. 1.

Dost, Bruno s. Seydler.

Dumas, J. L'art de la transposition mis à la portée de tous. Paris, Dumas. — 8°. fr. 1.

Dupony. De l'art d'être chef de pupitre à l'usage des sociétés instrumentales civiles et militaires. Paris, Lemoine & Cie. — 16°. 29 S. avec musique. fr. 0,75.

Fedatoff, N. und A. Ovodoff. Kurzgefasster Grundriss der Elementar-Theorie. (Russ. Text.) Orenburg, Selbstverlag. 8°. 59 S.

Finkennest, O. Die Elemente der Musiklehre... Eine Ergänzung zu jeder Gesangschule. Hildburghausen, Gadow & Sohn.

Fouchard, E. Simplification musicale, transposition et sténographie musicales. à Bois-Colombes, chez l'Auteur.

Gérardin, Auguste. Projet de reconstitution des musiques d'harmonie sur des bases nouvelles. Oloron (Depart. Basses-Pyrénées), impr. Lample. — 8°. 36 S.

Gladstone, Francis Edward. Sixty-six short Studies in Three-part Counterpoint. London, Novello. — 8°. s. 2.

Gladstone, Francis Edward. Five-part Harmony. London, Novelle. — 8°. 2 s. 6 d.

Goetschius, P. Theory and practic of tone-relations. 6th ed. rev. and enl. New York, G. Schirmer. — 8°. Doll. 1,50.

Goodrich, A. J. Theory of interpretation applied to artistic musical performance. Philadelphia, Presser. - 12°. 280 S. Doll.2.

Götze. Gustav. Modulations-Tabelle. Frankfurt a. O., Bratfisch. — gr. 8°. .# 0,30.

Halle, Sophus. Modulationslærre. (Dän. Text.) Kopenhagen u. Leipzig, Wilhelm Hansen. — 4°. 90 S.

Halm, A. Harmonielehre. (Sammlung Göschen: 120.) Leipzig, Göschen. — 8°. 128, XXXI S. .# 0,80.

Harding, H. A. Five Thousand different Scale and Arpeggio Examination Tests. In four Books. London, Weekes & Co.

Heinze, L. u. W. Osburg. Harmonie- u. Musiklehre. 2. Tl. 4. Auflage. Breslau, Handel. — 8°. 143 S. .# 1,60.

Heller. Max Paul. Elementarlehre d. Musik. 6., 7. Aufl. Berlin, Krentzlin. — 8°. 39 S. .# 0,60.

Helm, Joh. Allgemeine Musik- und Harmonielehre. 6. Auflage. Gütersloh, Bertelsmann. — gr. 8. VIII, 351 S. .# 3,60.

Jackson. S. Metric System in Theory and Practice. London, Allmann. — 8°. 112 S. s. 1.

Jadassohn. S. Aufgaben u. Beispiele für die Harmonielehre. (Mit deutschem u. engl. Text.) 3. Auflage. Leipzig, Breitkopf & Härtel. - 8°. IV, 54 S. .# 1,80.

Jadassohn, S. Les formes musicales dans les chefs d'œuvre de l'art. Traduit de l'allemand d'après la 2ième Éd. par William Montillet. Leipzig, Breitkopf & Härtel (Paris, Fischbacher). - 8°. 150 S. .# 4,90 (5 fr.)

Jadassohn, S. Die Lehre vom reinen Satze in 3 Lehrbüchern. 1. Bd.: Lehrbuch der Harmonie. 6. Aufl. Leipzig, Breitkopf & Härtel. — gr. 8°. XIV, 290 S.

Johne, R. Das Musik-Diktat. Hildburghausen, Gadow. - 8°. 83 S. .# 1.

Juon, Paul. Anhang zur Harmonielehre von Peter Tschaikowsky.[1] Sammlung, praktisches Übungsbuch, enthaltend 1000 Aufgaben. Moskau, P. Jurgenson. — (Russ. Text.) 2 Hefte. 12°. 65, 66 S. à 1 Rb.

Krause, Luise. Populäre Harmonielehre beim Gesange und Spiele. 1., 2. Stufe. Leipzig, Junne. — Qu. gr. 8°. VI, 134 S. .# 2.

Lavignac, Alb. s. Thomas.

1) S. vorigen Jahrgang S. 98.

Leerplan, Algemeen —. Deel I: Aanvankelijke muziekleer. Deel II: Harmonie, contrapunt, nabereiding en fuga. Deel III: Klavieronderricht. (Uitgave van het koningklijk vlaamsch conservatorium van Antwerpen.) Anvers, J. Bouchery et G. Facs. 8°. 32, 32, 29 S. fr. 1,70.

Lendon-Bennett's System of musical Memory. Natural, scientific, simple in Practic. Descriptive Specimen Lesson. London, S. W. Lendon-Bennett, musical Specialist. Office: Granite House, Putney. 8°. 1 s. 6 d.

Lobe, J. C. Katechismus der Musik. 27. Aufl. (Webers illustrirte Katechismen No. 4.) Leipzig, J. J. Weber. — 12°. VI, 170 S. ℳ 1,50. Geb. in Leinw.

Lobe, J. C. Lehrbuch der musikalischen Komposition. Band I. Von den ersten Elementen der Harmonielehre an bis zur vollständigen Komposition des Streichquartetts u. aller Arten v. Klavierwerken. 6. Auflage neu bearbeitet von Hermann Kretzschmar. Leipzig, Breitkopf & Härtel. — gr. 8°. XVI, 372 S. ℳ 8.

Loewengard, Max. Lehrbuch der Harmonie. 2., völlig umgearb. u. verm. Auflage. Berlin, Albert Stahl. — 8°. V, 119 S. ℳ 3.

Marquardt, Rud. Winke zur Modulation. Berlin, l'arrhysius. — 12°. 22 S. ℳ 0,50.

Morera, Enrique. Tratado práctico de harmonía precedido de la escala de quintas. (En catalán y castellano.) Barcelona, tip. „L'Avenç". Madrid, libr. de Murillo. — gr. 4°. 172 S. Pes. 10,50.

Myers, S. S. Practical music course. Bk. 1, adapted to the third and fourth primary grades. Bk. 2, for first and second grammar grades. Cincinnati, O. Fillmore Bros. — 8°. Vol. 1: 136 S. c.35. Vol. 2: 137 S. c.35.

Oakey, G. Key to Exercises in Text-Book of Harmony. London, Curwen. — 8°. 64 S. s. 2.

Onburg, W. s. Heinze.

Pearce, Charles W. Students' Counterpoint. London, C. Vincent. — 12°, 84 S. s. 2.

Philharmonicus, Zonder mondeling onderwijs in vijf minuten muzieknoten lezen. Amsterdam, Uitgevers-maatschappij „Vivat". — gr. 8°. 14 S. d. 0,25.

Pierre, Constant. Basses et Chants donnés aux Examens et Concours des Classes d'Harmonie et d'Accompagnement du Conservatoire (années 1827 à 1900), 380 sujets-recueillis par —. Paris, Heugel. — 8°. fr. 10.

Pierre, Constant. Dictées musicales donnés aux Examens et Concours par Ambroise Thomas (années 1872—96) et Albert Lavignac (années 1897—1900) recueillis par —. du Conservatoire national de musique. (Années 1872—1896, 1897—1900.) Paris, Heugel. — 8°. fr. 6.

Pierre, Constant. Sujets de Fugue et Thèmes d'improvisation donnés aux Examens et Concours d'essai pour le Grand Prix de Rome, aux Concours de fuge, aux Concours et Examens d'orgue du Conservatoire de musique de Paris (années 1804—1900). 350 sujets recueillis par —. Paris, Heugel. — 8°. fr. 3.

Polak, A. J. Über Zeiteinheit in Bezug auf Konsonans, Harmonie und Tonalität. Leipzig, Breitkopf & Härtel. — 8°, 123 S. ℳ 4.

Prout, Ebenezer. Musikalische Form. Übersetzt vom Englischen von S. L. Toltoj. (Russ. Text.) Lieferung 1. 2. Moskau, P. Jurgenson. — 12°. 94 S. Rb. 2.

Prout, Ebenezer. Die Fuge. Übersetzt vom Englischen von Tamascheff-Bering. (Russ. Text.) Moskau, P. Jurgenson. — 16°. 143 S. Rb. 2.

Richter, Alfred. Aufgabenbuch zu Ernst Friedrich Richters Harmonielehre. 15. Auflage. Leipzig, Breitkopf & Härtel. — 8°. 54 S. ℳ 1.

Richter, Alfred. Oefeningen ten gebruike bij E. F. Richters Leerboek der Harmonie bewerkt volgens de 12de Duitsche uitgaaf door Jacques Hartog. Leipzig, Breitkopf & Härtel. — 8°. VIII, 54 S. ℳ 1,70.

Richter, Ernst Friedrich. Lehrbuch der Harmonie. 22. Auflage mit Anmerkungen und Ergänzungen versehen von Alfred Richter. Leipzig, Breitkopf & Härtel. — 8°. XII, 226 S. ℳ 3.

Richter, E. Frdr. Die praktischen Studien zur Theorie der Musik. In 3 Lehrbüchern bearb. 2. Bd.: Lehrbuch des einfachen und doppelten Kontrapunkts. 10. Aufl., bedeutend erweitert, verm. u. ergänzt v. Alfr. Richter. Leipzig, Breitkopf & Härtel. — gr. 8°. X, 241 S. ℳ 4,50.

Riemann, Hugo. L'Harmonie simplifiée ou Théorie des Fonctions tonales des Accords. Traduit p. Georges Humbert. London, Augener & Co. — gr. 8°. 213 S. ℳ 3.

Riemann, Hugo. Katechismus d. Harmonie- u. Modulationslehre. 2. Auflage. Leipzig, M. Hesse. — 8°. VIII, 223 S. ℳ 1,50.

Riemann, Hugo. Vademecum der Phrasierung. (Neue Ausg.) Leipzig, M. Hesse. — 8°. V, 100 S. ℳ 1,50.

Riemann, Ludwig. Über eigentümliche, bei Natur- u. orientalischen Kulturvölkern vorkommende Tonreihen ... s. im vorigen Jahrgange S. 97.

Ross, D. W., Parker, E. O. and **Patchett, S. C.** Illustrations of balance and rhythm. Boston, William B. Clarke. — Fol.° Doll. 3.

Schleyer, J. M. Vier Gesetze des Überganges von einer Tonart in die andere. Konstanz, Schleyer. — gr. 4. 1 Blatt. ℳ 0,15.

Schroeder, Carl. Katechismus des Dirigierens und Taktierens. 2. Aufl. Leipzig, Hesse. — 8°. VI, 104 S. ℳ 1,50.

Schwarz, Emile. Théorétische en practische lessen van Muzieklezing in drie deelen. (Flämischer Text.) Paris, Rouhier. — 8°.

Seydler, Th. u. **Bruno Dost.** Material f. den Unterricht in der Harmonielehre. Heft 2, 3. Verb. Aufl. Leipzig, Breitkopf & Härtel. — 8°. 81 S. ℳ 0,90.

Silverj, Conte Dom. Guida generale per lo studio della musica. Macerata, tip. Bianchini. — 8°. 23 S.

Sonntag, Hedwig. Magic Ring of Music: Introd. do study of Music. London, Dent. — 8°. 126 S. s. 2 d. 6.

Stainer, John. Musical Directions en early English Psalters. (A paper read befor the Musical Association. Publ. The Musical Times. Nov. 13, 1900.) London, Novello.

Streeter, H. R. The primary elements of music, a new and progressive method, by which pupils are taught to intelligently read music without the aid of an instrumental accompaniment. Boston, Olivier Ditson Co. — 4°. 62 S. c. 60.

Tschaikowsky, P. Guide to the practical study of harmony. Transl. by E. Krall und J. Liebling. Leipzig, Jurgenson. — 8°. 137 S. ℳ 3.

Tschaikowsky, P. s. Juon.

Uiteenzetting van de tabello der categorieën in verband met het algemeen leerplan. (Uitgave van het koninklijk vlaamsch conservatorium te Antwerpen.) Anvers, J. Bouchery et G. Faes. — 8°. 09 S. fr. 0,65.

Ursini-Scuderi, S. I „Diagrammi musicometrici". Sintesi metodica di Teoria e Practica della Versificazione musicale. Roma, Modes & Mendel. — 4°. 80 S.

Ursini-Scuderi, S. Musicometro. (Legge metrico e psicologica della Musica.) Sesta Editione. Itoma, Modes & Mendel. — Fol.° 56 S. Con ritratto dell' Autore.

Ursini-Scuderi, S. De la Ragion musicale (Sintesi razionale superiore di Musica). Note critiche su la questione didattica e scolastica del Musicometro. Roma, Modes & Mendel. — 8°. 64 S.

Veraham, J. E. First Steps in the Harmonization of Melodies. London, Novello and Comp. — 8°. s. 1.

Vincent, Charles. Harmony, Diatonic and Chromatic. London, Charles Vincent. — 8°.

Wagner, Rich. Über das Dirigiren (1869). Übersetzt von A. P. Koptjajeff. (Russ. Text.) St. Petersburg, Verlag der Russ. Musik-Zeitung. — 24°. 104 S.

Webster's Child's Primer of the Theory of Music. London, Novello. — 8°. s. 1.

Wohlfahrt, Heinr. Vorschule der Harmonielehre. 10. Auflage. Leipzig, Breitkopf & Härtel. — gr. 8°. VI, 74 S. ℳ 1.

Besondere Musiklehre: Gesang.

Kirchengesang, Kunstgesang, Gehörbildung.

(Praktische Schul- und Übungswerke ausgenommen.)

Abbott, G. F. Songs of modern Greece.
With Introductions, Translations and Notes.
Cambridge, University Press. (London,
C. J. Clay & Sons, Cambridge University
Press Warehouse. New York, Macmillan.
Doll. 1,50.) — 4°. 308 S. s. 5.

Alkin, William A. The Voice: its physiology and cultivation. London (New York),
Macmillan. — 12°, 106 S. 3 s. 6 d. (Doll. 1.)

Allemanoff, D. Kirchentöne und deren
Harmonisation, laut der Theorie der altgriechischen Meister, in Uebereinstimmung
mit den modernen Gesetzen der Akustik
und der Musik. Moskau, P. Jurgenson.
— 8°. 65 S. Kop. 75.

Arabic Love Song. Words by Shelly. Music
by S. Liddle. London, Forsyth Bro.

Armin, George. Die Lehrsätze der automatischen Stimmbildung. Leipzig, E. W.
Fritzsch. — 8°. .A 2,40.

Arundel Hymnes. Part III. Chosen and
edited by Henry, Duke of Norfolk and
Charles T. Gatty. (Catholic Hymns and
Spiritual Praises.) London, Boosey and Co.

Austin, A. Songs of England. New and
enlarged ed. London, Macmillan. — 8°.
84 S. s. 1.

Baralli, R. Destiamoci! [A proposito della
riforma del canto gregoriano.] Lucca,
tip. Landi. — 8°, 28 S.

Battke, Max. Primavista. Eine Methode,
vom Blatt singen zu lernen. Berlin, Sulzer.
— 8°.

Baum, L. F., and Hall, Alberta N. Songs
of Father Goose for the Kindergarten,
the nursery, and the home. With music
by Alberta N. Hall. Chicago, George
M. Hill Co. — 4°. 88 S. Doll. 1.

Bedell, Edn. A., composer. Church hymnary. 20th century edition. New York,
Maynard-Merrill & Co. — 8°. Doll. 1,75.

Behnke's Voice-Training Primer. London,
Chappell & Co. — 8°, s. 2 (cloth, s. 3).

Black, J. M. The Epworth hymnal; for use
in young people's meetings, Sunday schools,
prayer meetings and revivals. New York,
Eaton & Mains. — 12°, 220 S. c. 30.

Blose, Ja. Miles, and Measor, F. D.
The Songland chief; comprising elementary studies, school and instute music and
concert selections. Waynesburg, Pa., The
Songland Publisher. — 8°. 128 S. c. 50.

Brine, Mary D. Mothers' songs in five
cantos; illustr. by C. A. Northam. New
York, Cambridge Encyclopædia Co. —
4°. 60 S. Doll. 1.

Brinton, Howard Futhey. Patriotic songs
of the American people. New Haven, Ct.,
Tuttle-Morehouse & Taylor Co. — 12°.
111 S. Doll. 1.

Brittain, Margaret S. Historical Primer
of French Phonetics and Inflection. London, Frowde. — 8°. 120 S. 2 s. 6 d.

Brownlie, John. Hymns of the Greek
Church. Trans., Intro., Notes, by —.
London, Oliphant. — 8°. 11 S. s. 2.

Burgess, Gelett. Chant-royal of California.
San Francisco, Channing Auxiliary. —
8°. Doll. 1.

Hurgoyne, Arthur G. Songs of every
day. Pittsburgh, Pittsburgh Printing Co.
— 8°. III. 192 S. Doll. 1.

Cantional. Eine Sammlung liturg. Gesänge, herausgegeben zum freien Gebrauche
in der gothaischen Landeskirche. Gotha,
F. F. Thienemann. — gr. 4°. 358 S. .A 3,20.

Cantiones Sacrae. Musical settings of the
Roman Liturgy. Edited by Dom. Samuel
Gregory Ould, Monk of the Order of Saint
Benedict. (Roman Catholic Church Music
in England.) London, Novello.

Cantuarium ad usum scholarum continens
ordinarium missæ, missam et absolutionem
defunctorum et omnia quæ in vesperis et
laudibus vespertinis cantanda communiter
occurrunt. Malines, Dessain. — 16°.
208 S. fr. 1,10.

Carman, Bliss & Rich. Hovey. Last
Songs from Vagabondia. Boston, Small-
Maynard & Co. — 12°. Doll. 1.

**Chamberlain, D. B., and Harrington,
Karl. P.** (Composer.) Songs of all the
colleges. New York, Hinds & Noble. —
4°. Doll. 1,50.

Chester, W. Sidell. Hymn tunes and
Benedicite; music composed by — with
biographical notes by W. S. Rainsford
and G. Smith. New York, G. Schirmer.
— 8°. 57 S. Doll. 1,50.

Choice collection of beautiful songs. C. P.
Langley. Los Angeles, Cal., Langley. —
Vol. 2, each c. 15.

Choix de cantiques. Montpellier, impr. de
la Manufacture de la Charité. — pet. in
16°. 20 S.

Choral songs. London-New York, Macmillan.
— 4°. Doll. 8.

Clarke, Hugh Archibald. Elements of
vocal harmony. Boston, Silver-Burdett &
Co. — 12°. VIII, 166 S. Doll. 1.

Cléricy du Collet. La Voix amplifiée ou
recouvrée par l'éducation ou la rééducation
des muscles du larynx. Paris, impr.
Chamerot (1899). — 16°. 80 S.

Cohen, Francis L.° Folk-Song in Jewish
Worship Music. (A paper read befor the
Folk-Song Society took place on Nov. 23,
1899, at the Royal Academy of Music.
Publ. in The musical Times, Jan. 1900.)
London, Novello.

Collina, Francesco Saverio. Nuova raccolta
di canti educativi musicali; 1°.—7°. canto.
Torino, Paravia e C. — 8°.

Coward, Henry.° The Training of a Chorus.
(Publ. in The musical Times, Juni-July
1900.) London, Novello.

Creyke, Walter. Voice Culture. (The
Nineteenth Century, No. 285, Nov. 1900.)
London, Sampson Low, Marston & Co.
Ltd.

Curwen, J. Spencer. The boy's Voice: a
book of practical information on the
training of boy's voices for church choirs, &tc.
3 d. ed. With Appendix: Bates's London
Training School for Choristers. London,
Curwen J. and Sons — New York,
imported by Scribner. — 12°. 139 S.
Doll. 1.

Dahin, Alfred. Ab hoc et ab hac. Essai
nouvel de critique liturgico-musicale,
à propos de récentes publications contre
le chant ecclésiastique. Grenoble, impr.
Bratel. — 8°. 27 S. fr. 0,25.

Dale, W. T. (and others.) Saving songs
for all meeting of religions endeavor.
Atlanta, Ga., the Lyon Music Co. — 12°.
80 S. 15 c.

Dantzig, Eva van — 22 bekende liedjes
ten dienste van het elementair klavier-
en zangonderricht. Rotterdam, W. F.
Lichtenauer. — gr. 4°. 17 S. fl. 0,90.

Darlington, J. H. Hymnal of the church;
with Music. Organ ed. New York,
Whittaker. — 12°. Doll. 1,75.

The Day of resurrection: Greek hymn.
New York, Cambridge Encyclopaedia Co.
— 4°. 48 S. 50 c.

Decoppet, A. Cinq Services liturgiques pour
les grandes fêtes chrétiennes de l'année.
2 Vol. Livre du pasteur. Livre du fidèle.
Nancy, impr. et libr. Berger-Levrault &
Cie. 8°. 111 S. 16°. 80 S.

Delle Sedie, E. Theoretische u. praktische
Gesangschule, in der Schwedischen Sprache
hrsg. von Stephen Maurogordato. Stockholm, Selbstverlag. — 4°. 223 S.

Delmet, Paul. Chansons tendres. Préface;
couverture aquarelles et dessins de Léone
Burret. Paris, libr. Flammarion. — 16°.
318 S. avec musique.

Delta Kappa Epsilon. One hundred songs
of —; ed. by A. G. Warren. New York,
the Council of Delta Kappa Epsilon. —
4°. 111 S. Doll. 1,50.

Diurnale parvum sive epitome ex horis
diurnis. Continens psalmos quotidie reci-
tandos et communio sanctorum, unacum
offizio B. M. V. per annum atque ora-
tionibus propriis sanctorum. Ed. V.
Regensburg, F. Pustet. — 8°. 184 S.
in Rot- und Schwarzdr. M 1,80.

Dortch, D. E. Gospel voices. — 12°. 25 c.
Nashville, Tenn., D. E. Dortch.

Dressler, W., composer. Peter's Catholic
class book; a collection of copyrighted songs,
duets, trios, and choruses, suitable for
juvenil classes . . . and the home circle.
Boston, Oliver Ditson Co. — 12°. 256 S.
60 c.

Ducret, A. Musique grégorienne et Musique
palestrinienne. Niort, impr. Clauzot,
Bureaux du Mercure poitevin. — 18°. 23 S.

Dunger, H. Über das Volkslied. (In: Sächsische Volkskunde hrsg. v. Rob. Wuttke.) 2. Aufl. Dresden, G. Schönfeld. — gr. 8°. VIII, 578 S. Mit 285 Abbildgn., 4 Taf. .₰ 10.

Dunn, Sinclair. Auld[1]) Scotch Sangs[2]): Arranged and Harmonised by — 3 rd series. London, Morison Bros. — 4°. 1 s.

Eggert, B. Phonetische Studien in Paris zur Praxis des neusprachlichen Unterrichts. (Progr.) Cöthen. — 8°. 65 S.

Eliot, C. C. Easter songs. Boston, Jn. H. West. — 16°. 15 c.

Ellis, John S. Songs of St. Matthew; a metrical paraphrase of his gospel; illustr. with pictures of Palestine. Muncie, Ind., John S. Ellis. — 4°. 206 S. Doll. 3.

Elmira college song book; ed. by Mary F. Fennell and Lida C. Vasbinder. New Haven,(Ct.) Thomas G. Shepard. — 4°. 48 S. Doll. 1.

Ernst, Friedr. Die Krankheiten d. Nase u. d. Halses, ihre Beziehungen z. Gesammtorganismus u. ihre Bedeutung f. d. Singstimme. 10 Vorträge. Berlin, Th. Hofmann. — 8°. 137 S. .₰ 3,20.

Escholbach, Hans. Rettet das Volkslied. Berlin, Boll & Pickart. gr. 8°. 30 S. .₰ 0,40.

Ensèbe, P. O. Fr. min. Le Chant dans l'ordre séraphique. Soleomes, impr. Saint-Pierre. — pet. 8°. 132 S.

Ferrigni-Pisone, Andrea. Catechismo liturgico. Nuova edizione riveduta e corretta per cura di Giovanni Buonomo ed Enrico Pergami. Vol. I e II. Napoli, Rondinella e Loffredo. — 16°. L. 3.

Fichtner, O. Reform des Schulgesang-Unterrichts. 2. Aufl. Leipzig, Dürrsche Buchh. — gr. 8°. .₰ 1,50.

Fillmore, C. M. Prohibition Songs. Cincinnati, O., Fillmore Brothers. 12°. c. 30.

Fletcher, Alice C. Indian song from North America. Boston, Small-Maynard & Co. — 12°. 126 S. Doll. 1,50.

Ford, S. V. R. Recitations, song and story for Sunday and day schools. New York, Eaton & Mains. — 12°. 160 S. c. 20.

Forfar, Ja. E. The Forfar Kindergarten music system: songs and recitations. Buffalo, C. E. Jameson. — 8°. 24 S. c. 20.

Fröhlich, J. G. u. F. Schmitt. Der Gesanglehrer. Anleitung zur Erteilung des Gesangunterrichtes in den kath. Volksschulen Württembergs, auf Grund der amtlichen Bestimmungen vom 16. Mai 1890. Stuttgart, Roth. — 8°. 104 S. .₰ 2.—

Gelderblom, Herm. Zur Pflege des kirchl. Gesanges. Berlin, Buchh. der Berliner Stadtmission. — 8°. 34 S. .₰ 0,50.

Gerard, W. Una: Song of England in 1900. London, Paul. — 8°. 3 s. 6 d.

German Evangelical Church. Hymnal. St. Louis, Mo, Eden Publishing House. Word ed. — 8°. 767 S.

Gilder, R. Watson. Five books of song. 4th ed. rev. New York, Century Co. — 12°. XV, 240 S. Doll. 1.50.

Gilman, Carabel, composer. Song of favorite flowers: choice selections from the less familiar poems of notable authors. Boston, Ja. H. West Co. 16°. 40 S. c. 75.

Gomme, Alice B. Old English Singing Games. London, G. Allen. — Obl. imp. 8°. s. 5.

Gonguesheim, A. und M. Lermoyes. Physiologie der Stimme und des Gesanges. Übersetzt von M. Ouspensky. (Russ. Text.) 2. Aufl. Moskau, P. Jurgenson. — 16°. 143 S. 1 Rb. 25 k.

Graves, A. P. The Songs of Erin.[1]) (Macmillan's Magazine, Sept. - Number.) London, Macmillan & Co. Ltd.

Graziani, Georges. Ein dringender Vorschlag betr. der Gesangskunst. Berlin, Selbstverlag (Hedemannstr. 15). — 8°. 48 S. .₰ 1.

Grignon de Montfort, Louis-Marie. Cantiques du bienheureux —, pour missions et retraites. Vannes, impr. Lafolye. — pet. 16°. 175 S.

Grimm, Wilh. Deutsche Aussprache und Stimmbildung. Die getroffenen Vereinbarungen zur ausgleichenden Regelung der deutschen Bühnen-Aussprache ... in Sprache und Gesang. Schaffhausen, Meili. — 8°. 15 S. .₰ 0,35.

Gilavert, Don Andrés de Saly y — Influence of Catholicism on Sciences and Art ... s. Ästhetik.

[1]) Schottisches Wort für engl. old.
[2]) " " " " songs.
Jahrbuch 1900.

[1] Der alte keltische Name von Irland.

Guillibert. Le Chant et l'Orgue à l'église. Aix, Nicot. — 8°. 14 S.

Gummert, R. Materialien zur Bildung einer regelmässigen Chorklasse. 1. Theil. Vorbereitungs-Kursus. (Russ. Text.) Moskau, P. Jurgenson. — 8°. 43 S. kop. 40.

Guthrie, William Norman. Songs of American Destiny. Decorated by L. H. Meakin. — Cincinnati, The Robert Clarke Co. — 8°. 212 S. Doll. 2,50.

Haandbog, liturgisk... for den ev.-luther. Kirkes Præster i Prov. Slesvig-Holsten. Udgivet af det kgl. ev.-luther. Konsistorium i Kiel. (Dän. Text.) Schleswig, J. Bergas. — 8°. IV, 184 S. ℳ 3,50.

Hadden, J. Cuthbert. The Tinkering of Hymns. (The Nineteenth Century, No. 275, Jan. 1900.) London, Sampson Low, Marston & Comp. Ltd. — Fol. 2 s. 6 d.

Hall, J. Lincoln-Mack-Irwin, H. — and **Miles — C. Austin.** The service of praise: a collection of appropriate songs for use in Sunday-schools. Philadelphia, Hall-Mack Co. — 8°. c. 30.

Hartsough, Palmer and **Fillmore, J. H.** Sunday-school songs. Cincinnati, O., Fillmore Brothers. 12°. c. 20.

Hasberg. Über praktische Phonetik im Klassenunterrichte, mit besonderer Berücksichtigung des Französischen. Ein Kapitel aus der Schulpraxis. (Progr.) Barmen. 4°. 32 S.

Hastung, W. Deutsche Aussprache beim Reden und Singen. Berlin, „freie musikal. Vereinigung". — 8°. 16 S. ℳ 0.20.

Henderson, Anna R. Life and song. Buffalo-New York, Moulton, Charles W. — 8°. Doll. 1.

Herfurth, Fr. und **Fr. Schiel.** Sächsisches Volksliederbuch. 2. mit dem Melodiensatz versch. Aufl. Hermannstadt, W. Krafft. — gr. 16°. XI, 332 S. ℳ 0.90.

Herrington, J. Wells and **Pitney, J. H.** Evangel of song, no. 1: contains new music with hymnes, for use in church services, Sunday-schools, prayer meetings etc. New York, Herrington & Pitney. — 12°. c. 15.

Hieber, Albert. Wie ist der Volksgesang zu verbessern? Freiburg i. Br., Lorenz & Waetzel. — gr. 8°. 8 S. ℳ 0,75.

Hills, O. A. Carmina subseciva: songs from near and far. New York and Chicago, Revell. — 12°. 58 S. c. 35.

Holmes, G. Treatise on Vocal Physiology and Hygiene, with especial reference to Cultivation and Preservation of Voice. 3rd ed. London, Churchill. — 8°. 204 S. s. 5.

Home's sweet harmonies: a collection of new part songs, quartets etc. for mixed and smal voices. Climax, Mich., Home Publishing Co. — 4°. 134 S. c. 80.

Horder, W. G. Treasury of Sacred Song. New. ed. London, Frowde. — 8°. 3 s. 6 d.

Howard, F. E. The Child-voice in singing. A scientific Treatise on the Voices of Boys and Girls from early Childhood up to and through the Mutation Period. New rev. ed. (School music course.) — 16°. London-New York, Novello. 3 s. 6 d. c. 75.

Howard, F. E. Manual of graded sight-singing exercises for blackboard use. (Music course.) London-New York, Novello. 12°. c. 50.

Hove, Lucretia T. Home songs and chronicles. Rumford Falls, Me., Rumford Falls Pub. Co. — 8°. D. 1,25.

Hull, Asa. Many little voices; a collection of songs and scriptural exercises for the primary and intermediate classes of Sunday-schools. Enl. ed. New York, Asa Hull. 16°. 192 S. c. 30.

Hunter, W. C. Twentieth century book of songs. (Sunset series, no. 151.) New York, Ogilvie, J. S. Printing House.

Huntington, Helen. Folg songs from the Spanish. London-New York, G. P. Putnam, Sons. — 12°. Doll. 1,25.

Hymns of modern thought. With Music. London, Houghton & Co. · XX, 328 S. s. 3.

Hymns (5) for Use in Time of War. London, Novello. — 8°. One Penny each.

Ippaviz, L. C. Tratatello sul modo di ben cantare. Milano, Carisch et Jänichen (tip. G. Manara). — 8°. 50 S. L. 1,25.

Jacobi, Jac. Der Gesangunterricht in Volks- und Mittelschulen. Anleitung für Seminaristen und Lehrer nach den Vorschriften der Allgemeinen Bestimmungen und deren Ergänzungen. 2. Aufl. Düsseldorf, L. Schwann. — gr. 8°. 114 S. ℳ 1,50.

Johnson, H. H. School songs with dictionary of musical terms. — New York, Fillmore. — 12°. c. 15.

Johnstone, J. E. Songs of sun and shadow. Boston, William B. Clarke Co. — 12°. Doll. 1,50.

Jamel, Mlle. A. Manuel pour les Examens du Certificat d'Aptitude à l'Enseignement du Chant. Paris, Hachette & Cie. — 8°. fr. 7,50.

A **Kalendar** of Hymns ancient and modern, for 1900, compiled by the Rev. Robert Sealy Genge. Oxford, University Press.

Kastro, Johannes de — [1]) Die Methode des griechisch-slavischen Kirchengesanges. Übersetzt von J. Woznesensky. (Russ.Text.) Moskau, P. Jurgenson. — 12°. 192 S. Mit 1 Beilage und 5 Tafeln. Rb. 3.

Kelly, J. W. ["Rolling Mil Man", pseud.] J. W. Kelly's laughable jokes, comic stories and old time songs. New York, Chiswick Publishing Co. — 12°. c. 25.

Kidson, Frank. [*] Sailors' Songs. (A paper read befor the Folk - Song Society on Nov. 23, 1899 at the Royal Academic of Musik. Publ. in The musical Times, Jan. 1900.) London, Novello.

Kofler, Leo. Die Kunst des Athmens als Grundlage der Tonerzeugung für Sänger, Schauspieler, Redner, Prediger etc., sowie zur Verhütung und Bekämpfung aller durch mangelhafte Athmung entstandenen Krankheiten. Aus dem Engl.[*]) v. Clara Schlaffhorst und Hedwig Andersen. 2. Auflage. Leipzig, Breitkopf & Härtel, — gr. 8°. X, 93 S. m. 10 Fig. ℳ 3.

Labus, Carlo. Nozioni di igiene vocale. Milano, Cogliati, — 8°.

Lang, Karl. Elemente der Phonetik. Zur Selbstbelehrung mit Rücksicht auf die besonderen Bedürfnisse des Seminars. Mit drei Tafeln. Berlin, Reuther - Reichard. IV, 52 S. ℳ 0,80.

Lange, A. Über Tonbildung im Singen und Reden. (Schwed. Text.) Stockholm, Bonnier. — 8°. 223 S. Kr. 2,50.

---

[1]) Das Original ist in lateinischer Sprache in Rom 1901 erschienen.

[*]) Kofler, Leo. Art of breathing as basis of tone production. New York, E. S. Werner, Publisher and Supply Co.

Landale - Hymn and Tune Book for Secondary Day Schools. London, Black. 8°. 2 s. 6 d.

Lear, Edward. Nonsense Songs. Drawing by L. Leslie Brooke. New ed. London, Warne. — 16°. s. 6.

Lepage, L. Traité de l'accompagnement du plain-chant (2e partie). Rennes, Bossard-Bonnel. — 8°. fr. 6.

Liederboek van Groot - Nederland. Verzameld door F. R. Coers. Amsterdam, C. A. J. van Dishoeck. — gr. 4°. 1e en 2e deel. (2e druk.) Ille boek. fl. 2,75.

Liliencron, R. Freiherr v.[*] Chorordnung f. d. Sonn- und Festtage d. ev. Kirchenjahres. I. Chorordnung. II. Erläuterungen u. Nachweisungen. Gütersloh, C. Bertelsmann. — 8°. VIII, 264 S. ℳ 3,60.

Lincoln, N. N. composer. Songland melodies. Consolidated new century ed. Dallas, Tex., Songland Publisher. — 12°. c. 50.

Liturgie, die ausführliche, f. d. Hauptgottesdienst in der ev.-luther. Kirche der Prov. Schleswig-Holstein. Ausg. ohne Noten. Flensburg, A. Westphalen. — 8°. 28 S. ℳ 0,15.

Longley, Chalmers P. Choice collections of beautiful songs. Washington, Longley Chalmer P. 2 Vol. — 8°. each c. 15.

Lorenz, Edmund S. (and others). Songs for Work and worship, for use in Sunday-schools, young people's societies etc. Dayton, O. Lorenz & Co. — 8°. 224 S. c. 30).

Laun, C. Philosophy of Voice: showing right and wrong action of Voice in Speech and Song. London, Baillière, Tindall & Co. — 214 S. 5 s.

Lyte, Eliphalet Oram. The school bell; 150 songs and hymnes adapted to the use of schools. Rev. ed. Lancaster, Pa., Manor Publishing Co. — 8°. 112 S. 20 c.

The **Mahâbhârata.** Song celestial; or Bhagavad Gitâ; transl. from the Sanskrit by Sir E. Arnold. New York, Truslove, Hanson & Comba. — 16°. 75 c.

Manuel liturgique, à l'usage du diocèse de Toulouse. Paris, Privat. — 32°.

Marcel, P. L'Art du chant en France. Paris, libr. L. Grus. — 8°. 138 S. fr. 3.

8*

Martin, George C. The Art of Training Choir Boys. London, Novello. — 8°. s. 3.

Mathis, Juliette E. Songs and sonnets. 16°. 75 c. San Francisco, C. A. Murdoch & Co. — 16°. 75 c.

Mayan, J. M. De la déclamation (la Voix parlée, la Diction, la Prosodie, les Gestes, le Maintien). Paris, Paul Dupont. — 18°. 103 S. fr. 2.

Mc. Naught, W. G. Class Singing. Some practical Hints. (Publ. in The musical Times, Jan., Febr. 1900.) London, Novello.

Mc. Naught, W. G. The Psychology of Sight-Singing. (A paper read 12th Dec. 1899 befor the Musical Association. Publ. in The musical Times, Jan. 1900.) London, Novello.

Missale romanum, ex decreto sacrosancti concilii Tridentini restitutum, S. Pii V pontificis VIII et Leonis XIII auctoritate recognitum. Accuratissima editio, novis missis indulto apostolico concessis aucta. Tours, Mame e fils. — gr. 4° à 2 col. XXXIX, 948 S. avec grav. dans le texte et hors texte.

Mühlenbein, J. Über Chorgesang Trier. Paulinus-Druckerei in Komm. — gr. 8°. VII, 122 S. ✳ 3,50.

Neidlinger, W. H. Earth, sky and air in song.[1]) In 2 books. Book 1: with pictures by Walter Bobett. New York, Amer-Book Co. — 8°. 120 S. 75 c.

Notions de liturgie, rédigées conformément au programme des examens d'instruction religieuse. Le Mans, Roulier. — 16°. 51 S.

O'Neill, Moira. Songs of the Glen of Antrim. London, Blackwood & S. — 8°. 3 s. 6 d.

Ostertag, B. Old songs for young America. Decorated by —. Music arranged by Clarence Forcyth. New York, Doubleday-Page & Co. — Fol. 120 S. With 40 Illustrations, 16 in color. Doll. 2,50.

Ott, Ed. Amherst. How to use the voice. New York, Hinds & Noble.—12°. Doll 1,25.

Pan Pipes. A book of old songs. Decorated by Walter Crane, and with musical accompaniments by Theod. Marzials. (Reissue of a celebrated book.) London-New York, Frederick Warne & Co. 4°. obl. 5 s.(Doll. 2.)

[1]) Nature songs with Music.

Parkinson, William. Universal Singing Lessons. Part 2. London, Novello. — 8°. s. 5.

Paulsen, Ed. Die Singstimme im jugendl. Alter u. der Schulgesang. Kiel, Gnevkow & Gellhorn. — 8°. 43 S. ✳ 1,20.

Pearson, Enoch W. Manual of instruction in sight singing: second year work, second half; for the elementary schools of Philadelphia. Philadelphia, M. D. Swisher. — 8°. 20 S. 25 c.

Pfeifer, A. Abendspalter. Lieder für die Hausandacht. Stuttgart, Buchh. „Philadelphia". — 8°. 72 S. ✳ 0,50 (geb. ✳ 1).

Piot, J.-B. Méthode d'Accompagnement du du plain-chant. Lyon, impr. et libr. Vitte; chez l'Auteur, S Cloître de Fourvières. — 8°. 79 S.

Pokrowsky, A. M. Der kirchliche Chorgesang, seine Bedeutung und seine Aufstellung. (Russ. Text.) 2. Aufl. Novgorod, Selbstverlag. — 12°. 16 S.

Ravegnani, Ettore. Metodo compilato di canto gregoriano. Vol. 1er. Soleanes, impr. Saint-Pierre. — 18°. XII, 93 S.

Recueil de cantiques anciens et nouveaux, ouvrage dans lequel tous les couples sont rythmés d'après la mélodie, contenant en outre un choix de prières et de motets; par F. F. (Paroles et chant.) Tours, libr. Mame et fils. Paris, libr. Poussielgue. — 18°. VIII, 644 S.

Reeves, John Sims. On the Art of Singing. London, Chappell & Co. — 8°. s. 1.

Regeln f. den Vortrag des gregorianischen Chorals, im Auftrage d. Vorstandes des elsäss. Cäcilien-Vereins. 2. Aufl. Strassburg, Le Roux. — 8°. 16 S. ✳ 0,20.

Richardson, E. Songs of Near and Far Away. Illus. by Author. London-New York, Cassell & Co.'s. — Imp. 8°. 82 S. s. 6.

Richmond, Rev. C. Aler. The four winds, and other child songs; words and music by —. London-New York, Novello. — 8°. 31 S. Doll. 1.

Ritter, Frédéric Louis. Ear Training in Melody, Harmony and Rhythm. In two parts. London, Novello. — 8°. s. 3.

Roberts, Varley. A practical Method of Training Choristers. London, Henry Frowde, Oxford University Press, Amen Corner, E. C. or Novello & Co. — Complete Copy s. 5. Exercises only s. 2.

Rogers, S. Centenary Missionary Hymnal. With Music. London, Simpkin. — 8°. 160 S. 1 s. 6 d.

Rosborough, W. composer. Celestial showers, no. 2: a choice collection of sacred songs for use in churches, Sunday-schools. Texas, W. Rosborough. — 12°. 224 S. 35 c.

Rosenfeld, Morris. Songs from the Ghetto. New. enl. ed. London-New York, G. P. Putnam's Sons'). — 8°. 5 s.

Rules for psalmody, adapted from the Petit Traité de psalmodie; par les RR. PP. Bénédictions, Solesmes, impr. Saint-Pierre. — 18°. 40 S. avec plainchant.

Ryle, J. C. Hymns for the Church on Earth. 8th and enlarged ed. London, Chas. J. Thynne. — gr. 8°. 428 S. 2 s. 6 d.

Sankey, J. D. Mc. Granahan, J. and Stebbings. G. C. Sacred songs. New York, Biglow & Main Co. — 24°. c. 30; c. 35.

Santley's Singing-Master. Part I and II. London, Chappell & Co. — 8°. Each s. 4.

Sawyer, Frank J. Ear Training, a short Primer for Teacher and Pupil. London, Werkes and Co. — 8°. 84 S.

Schnecker, P. A. Schmidt's choice collection of anthems, hymns and responses selected from the works of Mrs. Beach, A. Foote, F. Lynes and others. Boston, P. A. Schmidt. — 4°. 158 S. Doll. 1.

Schöne, Heinr. Wegweiser für d. Singen nach Noten. Grossenhain, R. Wigand. — 8°. 44 S. .ℳ 1,50.

Sedie, E. delle — s. Delle.

Shakespeare, William. The Art of Singing. Part. 1. London, Metzler and Co. — 8°.

Shea, J. C. Songs and romances of Buffalo. Souvenir ed. Buffalo, C. W. Moulton. — 12°. 204 S. c. 75.

Siebs, Theod. Grundzüge d. Bühnenaussprache. Kleine Ausg., auf Veranlassg. d. deutschen Bühnenvereins als Auszug bearb. [Nach der 1898 erschienenen vollst. Ausg.] Köln, Ahn. — 8°. 64 S. .ℳ 1,50.

Sims Reeves, John. On the Art of Singing. London, Chappel & Co. — 8°. s. 1.

Smith, Eleanor. Primer of vocal music. (Modern music series.) Chicago, Scott-Foresman & Co. — 12°. c. 25.

Songs from the Book of Jaffir; adapted from the Persian transl. of Jamschid of Yezd, the Guerber. London — New York, Macmillan. — 12°. 74 S. 2 s. 6 d. Doll. 1.

Songs and Hymns of the Gael. With Trans. and Music by L. Macleau. London, Gibbings. — 4°. s. 5.

Stanton, Frank L. Songs from Dixie Land.') London — Indianopolis, Bowen-Merrill Co. — 12°. 239 S. s. 6. (Doll. 1,25.)

Stead, W. T. and Mary W. Tileston. Hymns that have helped. Prayers, ancient and modern. (New uniform „Red Line" editions.) New York, Doubleday, Page & Co.'s. — 16°. 2 Vol. Doll. 3.

Stubbs, G. Edward. How to sing the Choral Service. A Manual of intoning for Clergymen. London, Novello. — 8°. s. 4.

Sutro, Emil. Duality of Voice and Outline of Original Research. . . . s. im vorigen Jahrgang S. 99.

Sykes, T. P. Notes on Singing. London, Curwen. — 8°. 50 S. s. 1.

Tennyson, Alfred. Song of the brook.') Boston, L. C. Page. — 4°. Illustr. photogravure by Mozart. Doll. 1,75.

Thiriot, J. P. Le Plain-Chant accompagné et transposé ou système pour apprendre soi-même à accompagner et à transposer le Plain-Chant. Stuttgart, Lockhardt. — 8°. 11 S. .ℳ 0,80.

Thorp, G. E. Text-book on the Natural Use of the Voice. 4th ed. London, E. Arnold. — 8°. 2 s. 6 d.

Tuker, M. A. R. The Liturgy in Rome. London, A. & C. Black. — 12°. 355 S.

') Dasselbe Buch wurde von Small-Maynard & Co. in Boston herausgegeben.

') Eine Neugtkologie in den Südstaaten Nordamerikas.

') Dasselbe Buch erschien für 50 c. bei Dutton in New York.

Vassar College song book. New York, pub. for the Alumni Assoc. of Vassar College. New York, G. Schirmer. — 4°. II, 165 S. Doll. 1.

Veldkamp, K. Klankschoonheid bij den zang. Groningen, J. B. Wolters. — 8°, 80 S. fl. 1.

Walker, Gertrude A. and Eliz. L. Songs of nature for children in the schools and home. Boston, Oliver Ditson Co. — 8°. II, 48 S. c. 60.

Waterhouse, Alfred Ja. Some homely little songs. San Francisco, Whitaker & Ray Co. — 12°. 176 S. Doll. 1.

Weedon, Howard. Songs of the old South. New York, Doubleday · Page & Co.'s. — 8°. XII, 94 S. Illustrations, 24. Doll. 1,50.

Weiswurm, Rud. Methodische Anleitung zum elementaren Gesangunterricht und Elementar-Gesangbuch, m. Rücksicht auf die Bedürfnisse d. öffentl. Schulen, sowie der Lehrer- u. Lehrerinnen-Bildungsanstalten verf. 3. Aufl. Wien, A. Pichlers Wwe. & Sohn. — gr. 8°. VIII, 120 S. ℳ 3.

Widmann, Bened. Gehör- und Stimmbildung. 2. Aufl. Leipzig, C. Merseburger. — gr. 8°. VIII, 204 S. m. 2 Holzschn. ℳ 3.

Wright, A. Psalms of David and Higher Criticism; or, Was David the Sweet Psalmist of Israel? London, Oliphant. — 8°. 266 S. s. 5.

Wynne, C. W. Songs and Lyrics. London, Richards. — 12°. 3 s. 6 d.

Zanten, Cornelie van —. Hoogere Techniek van den Zang. Amsterdam, Munster. — 8°.

Besondere Musiklehre: Instrumente.

Auch Instrumentenbau und Instrumentationslehre.

(Praktische Schul- und Übungswerke ausgeschlossen.)

Amatius. L'art d'accorder et de réparer les pianos. Paris, Rouhier. — 8°. fr. 3.

Banister, Henry C. The Art of Modulating. A series of papers on Modulating at the Pianoforte, with 62 musical examples. London, Reeves. — 8°, s. 2.

Broadhouse, J. The art of fiddle making. New York, imp. by Scribner. — 16°. 32 S. c. 0,75.

Broadly, Arthur. Chats to 'Cello Students. London, „the Strad" ') Office (Fleet Street 186).

Capendu, Ernest. Le Tambour de la 32e demi-brigade. 1re Livraison. Paris, Kouff et Co. — 8°. S. 1—8.

Carrodus, J. T. Chats to violin students . . . preface and annot. by H. Saint-George. New York, imp. by Scribner. — 12°. X, 94 S. Doll. 1.

Chabert, Henry. Le Violon, sa pédagogie, son travail. Dangers d'un mauvais enseignement. Erreurs et Préjugés. La Musique o les affections nerveuses. Lyon, impr. Decléris et fils. — 8°. 105 S. fr. 2.

Clerjot, Maurice. L'art du Violon, psychologie musicale, différentes catégories d'artistes, professorat. Paris, Roubier. — 8°. fr. 3,50.

Cummings, W. H.° Organ accompaniment in England in the sixteenth and seventeenth centuries. (A paper read before the Musical Association on the 8th May 1900). Publ. in The musical Times, June 1900.) London, Novello.

Debuysère, Carl. Die Klavierdilettanten s. Kritik.

The musical Discovery of the 19 Century. New Violins voiced. Old and worn Violins revoiced. The old Cremona Masters' Secret recovered. London, Crowther and Rigby.

Erfindung, Die Moser'sche angebliche . . . s. Kritik.

Ehrlich, A. Die Geige in Wahrheit und Fabel s. im vorigen Jahrg. S. 100.

Ernst, Eduard. Die Gymnastik der Hand. 2. Aufl. Leipzig. J. J. Weber. — 8°.

Faucheux, A. Appendice aux principes de la musique, destiné spécialement aux élèves instrumentistes. Paris, impr. Dupré. — 8°. fr. 0,75.

') Abkürzung für Stradivarius.

Gevaërt, François Auguste. Praktische Anleitung zum Instrumentieren. (Russ. Text.) 3 Lieferungen. Moskau, Jurgenson. — 8°. 1. Lief. Rb. 3, 2., 3. Lief. à Rb. 2, compl. Rb. 6.

Greissinger, F. Henri. Instructions for the trumpet and drum; together with the fulle code of signals and calls used by the United States army and navy. Rev. and enlarged by W. F. Smith. New York, Carl Fischer. — 24°. 86 S. c. 60.

Guillibert. Le Chant e l'Orgue à l'église. Aix, Nicot. — 8°. 14 S.

Hinton, J. W. Organ Construction. Dublin, the Author (Trinity College). — 4°. 150 S. 11 Plates and many illustrations in text. 7 s. 6 d.

Hinton, J. W. Organ Construction. London, Simpkin. — New York, imported Scribner. 4°. 167 S. 7 s. 6 d. (Doll. 3.)

Imbert, Huges. Les instruments anciens à l'Exposition Universelle de 1900. (Le Guide Musical, No. 44.) Bruxelles, 18, rue de l'Arbre (Paris, Fischbacher).

Jockisch, Reinhold. Katechismus der Violine und des Violinspiels. Leipzig, J. J. Weber. — 12°. 117 S. ℳ 2,50.

Kotschedoff, V. Hilfsbuch für den Klavierschüler. Die notwendigsten Regeln und theoretischen Erklärungen. 2., umgearbeitete Aufl. Berlin, Georg Plothow. — 8°. ℳ 0,60.

Krause, Gustav. Anleitung zur freien Klavierbegleitung beim Gesange u. Spiele. Leipzig, Rühle. — gr. 8°. ℳ 2.

Kross, Emil. Über das Studium der 24 Capricen Paganinis u. die Art u. Weise, wie diese durch Paganinis Hand- u. Armstellung auch v. kleineren Händen überwunden werden können. Erläutert durch 15 Abbildungen . . . Mainz, Schott. — ℳ 2,50.

Locher, Carl. Beschrijving der registers van het orgel en hunne klankkleur. Vrij naar het Hoogd.[1]) voor Nederland bewerkt door Cornelius Immig Jr. (Geautoriseerde uitgave.) Dordrecht, J. de Zeeuw. — 8°. 10 S. fl. 0,65.

[1]) Locher, Carl. Erklärung der Orgel-Register und ihrer Klangfarben. 2. Aufl. Bern 1896.

Lemare, Edwin H.[*] Organ Accompaniments (Publ. in The musical Times; March, April 1900.) London, Novello.

Maltarello, Vincenzo. Fabbricatore di pianoforti in Vincenza s. Biographien u. Monographien: Maltarello.

Orange-Colombier, Mme J. Lectures musicales spéciales aux pianistes. Paris, l'Auteur: 5, rue Lamennais. — 8°.

Orange-Colombier, Mme J. Méthode nouvelle de notation musicale, exercises de solmisation (non chantables) pour faciliter la lecture de la musique au piano. Paris, Girod. — 8°. fr. 1,50.

Petroff, A. Elementar-Handbuch für Instrumentierung. (Russ. Text.) St. Petersburg, Julius Heinr. Zimmermann. — 8°. 82 S. Rb. 2.

Philipp, J. Ecole du mécanisme pour le piano. Lyon, Janin. — 8°. fr. 18.

Pisani, A. Manuale teorico-pratico per lo studio della chitarra. Milano, l'Irico Hoepli. — 16°. 116 S. L. 2.

Prout, Ebenezer. Elementar-Handbuch der Instrumentation. Übersetzt von Th. Koenemann. (Russ. Text.) Moskau, P. Jurgenson. — 12°. 160 S. 1 Rb. 50 k.

Prout, Ebenezer. The Orchestra. Vol. II. London, Augener. — 8°. s. 5.

Ruse, Ernest. Helps to the Study of Lyra Hermes. London, Macmillan. — 12°. 128 S. 1 s. 6 d.

Schlesinger, St. Der Klavierunterricht auf wissenschaftlichen Gründen. (Russ. Text.) St. Petersburg, Verlag der Russ. Musik-Zeitung. — 24°. 76 S.

Scholz, Rich. Handbüchlein für Geigenspieler, enth. das Wissenwerteste von der Geige (Bau, Geschichte u. s. w.) Leipzig, Breitkopf & Härtel. — 12°. 59 S. ℳ 1,50.

Schwartz, Emile. Muzikale Leesoe fingertengebruike der speelaangelegenaars. (Flämischer Text.) Paris, Bonhier. — 8°. fr. 4.

Smith, W. Macdonald.[*] Touch and Technique.[1]) (A paper read before the Incorporated Society of Musicians was held, from the 2nd to the 5th Jan. 1900. Publ. in The musical Times, Febr. 1900.) London, Novello.

[1]) In relation to his system of training the muscles specially required in pianoforte playing.

Taylor, Franklin.* Pianoforte Teaching.
Some practical hints. (Publ. in The musical Times: Oct. and Nov. 1900.) London, Novello.

Taylor, Tom. Everybody's guide to violin
playing. New York, imp. by Scribner.
— 32°. 134 S. c. 25.

Upson, A. At the sign of the Harp.
Cambridge, Mass., University Press. —
16°. c. 50.

Velde, Van de —. Le mécanisme du
piano. Saint-Amand, l'Auteur. — 8°. fr. 3.

Virgil, Antha Minerva Patchen. In-
structive talks to piano students. New
York, A. K. Virgil. — 24°. 57 S. c. 25.

Virgil, Antha Minerva Patchen. In-
structive talks to piano students. Contents:
Piano technic-how to acquire it; the use
of metronome; the vale of irregular forms
of technic in acquiring pianistic skill.
New York, A. K. Virgil. — 8°. 57 S.
c. 25.

Webbe, W. H. The Pianist's A B C
Primer and Guide. London, Forsyth
Brothers. — 8°. 727 S. (Incl. Appendix.)
s. 8.

Witting, C. Geschichte des Violinspiels.
(Universal-Bibliothek für Musiklitteratur.
No. 23—25.) Köln, II. vom Ende. —
8°. 111, 153 S. .₦ 1,50.

Ästhetik. Belletristik. Kritik. Akustik. Physiologisches. Autorenrechte.

„A 439": Autobiography of a Piano. By
25 musical scribes. London, Sands (New
York, Dutton.) — 12°. 256 S. s. 6.
(Doll, 1,50.)

Allemanoff, D. Kirchentöne und deren
Harmonisation, laut der Theorie der altgriechischen Meister, in Uebereinstimmung
mit den modernen Gesetzen der Akustik
und der Musik. (Russ. Text.) Moskau,
P. Jurgenson. — 8°. 65 S. Kop. 75.

Allen, Jas. Lane. Flute and Violin, and
other Kentucky Tales and Romances. New
issue. London-New York, Macmillan.
— 8°. 322 S. s. 6. (Doll, 1,50.)

Ambros, Wilhelm Aug. Boundaries of
music and poetry: a study in musical
aesthetics; from the German by J. H.
Cornell. New Issue. — New York, Schirmer. — 16°. XIV, 187 S. Doll. 2.

l'Ambrosio, Ettore. Liceo musicale Rossini.
Relazione del R. Commissario —. Pesaro,
Stab. Annesio Nobili.

Baldwin, Winefred E. Advanced lessons
in human physiology. (Practical series
of school physiologies.) Chicago, Werner
School Book Co. — 12°. c. 80.

Baker, W. Morrant & Vincent Dormer
Harris. Handbook of Physiology. 16th
American Edition. Thoroughly revised
by Warren Coleman and Charles L. Dana.
New York, Scribner. — 8°. Illustrated.
Doll. 3.

Bessel, W. Über das Project des Autoren-
recht-Gesetzes. (Russ. Text.) St. Petersburg, W. Bessel. — 12°. 20 S.

Branden, Georg. Aesthetische Studien.
Charlottenburg, II. Barsdorf. — 8°. X,
111 S. .₦ 3.

Bronislawski. Vencesl. - Handelsman.
Contribution à l'étude de l'annuic et de
la localisation des centres musicaux.¹)
(Thèse.) Bordeaux, impr. Gounouilhou.
— 8°. 75 S.

Bruneau, Alfred. La Psychologie du
Musicien. Paris, Société d'Édition artistique (rue Louis le Grand, 32—34). — 8°·

Channing, William Henry. My Symphony. („Impression" leaflets. No. 2.)
San Francesco, Elder & Shepard. —
c. 10.

Combarien, Jules. „Pygmalion" ou l'Opéra
sans chanteurs. (La Revue de Paris, No. 9:
1er Mai 1900.) Paris, Calman-Lévy.

Cummings, W. H.* Pitch?): past, present,
and future. (A paper read at the annual
Conference of the Incorporated Society of
Musicians. Publ. in The musical Times,
Febr. 1900.) London, Novello.

Dalcroze, E. Jacques. Le Cœur chante.
Sensations d'un Musicien. Paris, Fischbacher. — 16°. 237 S. fr. 3,50.

¹) Beitrag zur Erforschung der Amusie (Un-
emptänglichkeit für Musik) und über die Localisation der musikalischen (Gehirn) Centren.
²) Musicalische Stimmung.

Destouches, Louis. La Musique et quelques-uns de ses effets sensoriels (thèse). Paris, Société d'éditions scientifiques — 8°. 81 S.

Debuyssère, Carl. Die Klavierdilettanten. Leipzig, Merseburger. — 8°. 54 S. ℳ 0,90.

Domínguez Berrueta, Juan. Música nueva; ensayo de regeneración de la escala de los sonidos. La música del aire. Basta de música bicolor! El error de la transposición. Los instrumentos atemperados. La gama natural, por —, profesor en la Facultad libre de Ciencias de la Universidad de Salamanca. Madrid, impr. de Felipe Marqués. 8°. 47 S. pes. 1,25.

Doyen, Louis. Impressions de musique. (La Grande Revue, 4e Année, No. 5, du 1er Mai 1900.) Paris, Fasquelle.

Draeseke, Felix. Die Lehre von der Harmonie in lustige Reimlein gebracht . . . 3. vom Verfasser revidirte Auflage. Leipzig, Jul. Heinr. Zimmermann. — ℳ 3.

Erfindung, Die Moser'sche angebliche — in fachmännischer Beleuchtung. [Betrifft die Moser'sche Resonanzboden-Konstruktion für Klavierbau.] Berlin, Verlag der freien Vereinigung der Berliner Pianoforte-fabrikanten (Adalbertstr. 81). — 8°. 16 S.

Fridberg, Frz. Lustige Musikanten-G'schichten. 3. Aufl. Berlin, „Harmonie", 8°. 96 S. ℳ 1.

Galli, Amintore. Estetica della Musica s. im vorigen Jahrgange. 101 S.

Gauthier, Judith. Les Musiques bizarres à l'Exposition de 1900. Danse javanaise; Danse du diable. Transcrites par Benedictus. Paris, Ollendorf. — 8°. 24 S.

Gautier, Judith. Les Musiques bizarres à l'Exposition de 1900. Musique chinoise — Musique javanaise — Musique indochinoise — Musique japonaise — Musique égyptienne — Musique malgache (de Madagascar). Paris, Ollendorff. — 8°. fr. 6.

Gietmann, G. Musik-Aesthetik. (III. Bd. Die „Kunstlehre von G. Gietmann und J. Sörensen.) Freiburg i. B., Herder. — 8°. 370 S. ℳ 4,10.

Gilavert, Don Andrés de Salas y — Influence of Catholicism on Sciences and Arts. From Spanish by Mariana Monteiro. — London, Sands. — 8°. 167 S. s. 6.

Gradenigo, P. Un nuovo Tonometro oculare. (Atti del Reale Istituto Veneto di Scienze, Lettere ed Arti. Serie VIII, tomo II, disp. 2—3.) Venezia, presso la segretaria dell' Ist. — 8°.

Grandmougin, Ch. Etudes sur l'esthétique musicale. Paris, libr. Charles. — 16°. 271 S. fr. 3,50.

Guitteau, A. Les Droits et les Devoirs du spectateur au théâtre. Poitiers, Blais et Roy. — 8°. 28 S.

Henri-Marie. La Pensée du Timbalier. Notes impressionistes sur les concerts du Conservatoire et d'autres choses. Nancy, Jacques. — 16°. 106 S. fr. 3.

Howell, William H. American Text-book of Physiology. Vol. 1. 2 d. ed. rev. London — Philadelphia Phil. W. B. Saunders & Comp. — 8°. 598 S. s. 13. (Doll. 3.)

Imbert, Hugues. L'Incident Weingartner. („Guide musical", 1901: No. 6.) Bruxelles, 18 rue de l'arbre.

Jastrow, Jos. Fact and fable in psychology. Boston, Houghton, Mifflin & Co. — 8°. XVII, 375 S. Doll. 2.

Junker, Karl. Die Berner Convention zum Schutze der Werke d. Literatur u. Kunst in Oesterr.-Ungarn. Wien, Hölder. - 8°. ℳ 2.

Die **Kunstmusik** in der Wiener Metropolitankirche . . . s. Twardowski.

Liceo musicale Rossini in Pesaro. [Corrispondenza ufficiale intorno alla polemica sorta nel consiglio comunale sull' audimento del medesimo.] Pesaro, Nobili. — 8°. 35 S.

Lyon-Caen, Ch., et **Paul Delalain.** Lois Françaises et Etrangères sur la Propriété Littéraire et Artistique. Supplément. Paris, F. Pichon. — 8°. XX, 160 S. fr. 5.

Mac Ilwaine, Herbert C. Fate the Fiddler. London, Constable (Philadelphia, Lippincott). — 12°. 410 S. s. 6 (Doll. 1,50.)

Mackay, Eric. Love Letters of a Violinist. Revised ed. New York, James Pott & Co. — 12°. Doll. 1,25.

Macy, M. L. and **Norris, H. W.** General physiology for high schools. — New York -- Cincinnati — Chicago — Boston — Atlanta — Portland, Ore, American Book Company, Publishers. — 12°. 408 S. Doll. 1,10.

Maitland, Fuller. Musicians. („Unwritten laws and ideals of active careers", edited by E. H. Pitcairn.) London, Smith-Elder & Co. — 8°.

Maridort, Pierre (docteur en médicine). Drames cérébraux.[1] Siegfried, Réflexions sur Hænsel et Grétel. Rouen, impr. du Nouvelliste. — 16°. 285 S.

(Mascagni, Pietro.) Sull' andamento del liceo musicale Rossini. Lettera al Sindaco del comune di Pesaro. Pesaro, Nobili. — 8°. S. 11. v. Liceo, Relazione.

Mascagni, Pietro. Ai cittadini di Pesaro [a proposito della polemica sorta per l'andamento del liceo musicale Rossini]. Pesaro, tip. Nobili. — 8°. 6 S.

Materialien zur Begründung einer deutschen Centralstelle f. d. Verwerthung musikalischer Aufführungsrechte. Berlin, Wilh. Baensch. — 8°.

Mathieu, E. Histoire d'un petit musicien. Paris, Mame et fils. — 8°. 95 S.

Meysenbug, Malwida de —. Mémoires d'une idéaliste.[2] Traduits de l'allemand. Préface de Gabriel Monod, membre de l'Institut. Paris, libr. Fischbacher. — 2 Vol. in 16° avec portraits. T. 1er XX, 437 S. T. 2: 321 S. fr. 7.

Mich, Rob. Der todte Musikant. Humoristischer Roman. Berlin, Taendler. — 8°. 123 S. .ℳ 3.

Michetti Ant., Spadoni Amintore, e Pompucci Bernardino. Relazione sulla amministrazione del liceo musicale Rossini in Pesaro, settembre 1895—1900. Pesaro, stab. tip. Aunesio Nobili. — 4°. 15 S.

Mitteilungen des Vereins zur Hebung der Leipziger Theaterzustände. No. 1, 2, 3. Leipzig, G. Wigand. — gr. 8°. 3 NNrn. .ℳ 1,10.

Mennin, Pierre. Les Souvenirs de Trompette. Paris, Ollendorff. — 16°. 211 S. fr. 3,50.

Montanelli, Archimede. La musica nell'igiene e nella morale. Ala, tip. Azzolini. — 8°.

Moser s. Erfindung.

[1] „Gehirndramen", die nicht poetische, sondern Reflexionsgebilde sind.

[2] Enthält einige Seiten über Richard Wagner.

Ossé, Juano. Término probable del Arte Músico. La primera representación de la ópera „La torre del Babel", por Juano Ossé. Sevilla, tip. de Enrique Bergali. — 4°. 52 S. Pes. 1,25.

Parmentier. Essais de Mnémotechnie musicale. Paris, Hamelle. — 8°. fr. 7,50.

Parr, W. Alfred. The power and influence of music considered from a psycho-physiological point of view. Florence, Claudian press. — 16°. 17 S.

Petri, R. Musikalischer Spruch - Schatzkästlein. Musikalische Haus- und Lebens-Regeln, verf. v. Rob. Schumann u. gewählte Sprüche u. Urtheile etc. über Musik. Halle, a./S., Selbstverlag. — gr. 8°. 16 S. .ℳ 0,50.

Plass, Ludwig. Die deutsche orchestrale Tonkunst in Gefahr. Eine Denkschrift. Fachmännische Besprechung sämtl. Orchester-Instrumente, nebst e. Beleuchtg. derselben. Berlin (1901), A. Parrhysius. — 12°. 38 S. .ℳ 0,30.

Reed, Myrtle. Love Letters of a Musician. London — New York, G. P. Putnam's Sons. — 16°.

Reed, Myrtle. Later Love Letters of a Musician. London — New York, G. P. Putnam's Sons. — 16°. III, 165 S. Doll. 1,75.

Relazione dell' amministrazione del Liceo musicale Rossini [di Pesaro], in risposta della interrogazione fatta nella seduta del Consiglio Comunale del 29 nov. scorso sull' andamento del liceo (vedi Mascagni). Pesaro, Nobili. — 4°. 15 S.

Riemann, Hugo. Die Elemente der musikalischen Aesthetik. Berlin, W. Spemann. — 8°. VII, 237 S. .ℳ 5.

Roe, Nora A. M. Two little street singers.[1] Illustr. by Bertha G. Davidson. Boston, John Lane. Lee & Shepart. — 12°. V, 182 S. Doll. 1.

Schenk and Gürber. Human Physiology. Trad. by W. D. Zoethout. New York, Henry Holt.

[1] The little singers are "Rita" and "Jimmy", who pass for the children of "Tonio", with whom they travel, and for whom they earn many pennies by singing and dancing with their tambourines.

Schroeter, F. W. Weimar und sein Theater. Zeitgemässe Betrachtungen eines Kunstfreundes. Weimar, H. Gosse. — 8°. III, 143 S. .₰ 1.

Schultze, Fritz. Psychologie der Naturvölker. Leipzig, Veit & Co. — 8°. XII, 392 S. .₰ 10.

Schumann, Rob. Musikalische Haus- und Lebens-Regeln, deutsch u. englisch. Neue Ausgabe. Leipzig, Schuberth & Co. — 8°. .₰ 0,50.

Schumann, Rob. Musikalische Haus- und Lebensregeln. (Span. Text mit d. Titel: „El Arte del Piano. Consejos dedicados à la Juventud“, trad. por D. Juan Salvat y Crespi.) Barcelona, Guardia. — 12°.

Schumann, Rob. s. Petri.

Schütz, A. Zur Aesthetik der Musik. 2. Auflage der „Geheimnisse der Tonkunst 1891“. Stuttgart, Metzler. — gr. 8°. IV, 348 S. .₰ 3.

Shaw, Georg Bernhard. Love among the artists. Chicago, Herbert S. Stone & Co. — 12°. 225 S. 16 Illustrations. Doll. 1,50.

Söhle, Karl. Musikantengeschichten. Neue (Titel-)Ausg. Berlin, B. Behrs Verlag. 8°. V, 150 S. .₰ 2,50.

Söhle, Karl. Musikanten u. Sonderlinge. Neue Musikantengeschichten. Berlin, B. Behrs Verl. — 8°. VII, 190 S. .₰ 2,50.

Starling, E. H. Elements of Human Physiology. 4 th ed. London, Churchill. — 8°. 602 S. 12 s. 6 d.

Steevens, G. W. Things seen: Impressions of Men, Critics, and Books. Ed by G. S. Street. Memoir by W. E. Henley. Memorial ed. London, William Blackwood & Sons. — 8°. 346 S. s. G.

Stumpf, Carl. Die Berliner Aufführungen klassischer Musikwerke für den Arbeiterstand. (Sonderabdruck aus den Preussischen Jahrbüchern; Band 100, Heft 2. Berlin, Stilke. — 8°. (S. 247—265.)

Tabanelli, Nicola. Palchettisti del Teatri Municipale contro il comune di Modena. (Estr. dalla „Rivista Musicale Italiana“. VIII, fasc. 1 : 1900.) Torino, Bocca. — 8°. 40 S. L. 1.

Thénard, J. Au concert, monologue. Paris, Libr. théâtrale. — 16°. 8 S. fr. 1.

Tschenchichin, Wsew. Das Project des neuen Gesetzes über das Autorenrecht. (Russ. Text.) St. Petersburg, Separatabdruck aus der Zeitschrift des Justiz-Ministerium. — 12°. 38 S.

[Twardowski, Julius v.] Die Kunstmusik in der Wiener Metropolitankirche. Wien, Druck v. Bartelt. — 8°. 15 S.

d'Udine, Jean. Lettres paradoxales sur la Musique. Paris, Fischbacher. — 16°. 123 S. fr. 2.

Die Wahrheit über die Frankfurter Oper. Frankfurt a./M., Joh. Alt. — 8°. 39 S. .₰ 0,75.

Waldenburg, S. Die privatrechtlichen Verhältnisse der Vereine nach dem Bürgerlichen Gesetzbuch. Leipzig-Dresden, C. A. Kochs Verlag (H. Ehlers). — 8°. .₰ 1.

Waldstein, M. Heitere Bilder aus der Opernwelt. 2. Aufl. Chemnitz, Richter. — 8°. 186 S. (Mit dem Bildnis Pauline Luccas als „Cherubin“.) .₰ 2.

Wundt, W. Principles of physiological psychology. Transl. by Edward Bradford Titchener. In 2 Vol. Vol. I. London-New York, Macmillan. — 8°.